Kohlhammer

Klaus Tausend

Frühe Kulturen der Ägäis

Bd. 1: Die Ahnen der homerischen Helden

Verlag W. Kohlhammer

für Freyja

Dieses Werk einschließlich aller seiner Teile ist urheberrechtlich geschützt. Jede Verwendung außerhalb der engen Grenzen des Urheberrechts ist ohne Zustimmung des Verlags unzulässig und strafbar. Das gilt insbesondere für Vervielfältigungen, Übersetzungen, Mikroverfilmungen und für die Einspeicherung und Verarbeitung in elektronischen Systemen.

Die Wiedergabe von Warenbezeichnungen, Handelsnamen und sonstigen Kennzeichen in diesem Buch berechtigt nicht zu der Annahme, dass diese von jedermann frei benutzt werden dürfen. Vielmehr kann es sich auch dann um eingetragene Warenzeichen oder sonstige geschützte Kennzeichen handeln, wenn sie nicht eigens als solche gekennzeichnet sind.

Es konnten nicht alle Rechtsinhaber von Abbildungen ermittelt werden. Sollte dem Verlag gegenüber der Nachweis der Rechtsinhaberschaft geführt werden, wird das branchenübliche Honorar nachträglich gezahlt.

1. Auflage 2021

Alle Rechte vorbehalten
© W. Kohlhammer GmbH, Stuttgart
Gesamtherstellung: W. Kohlhammer GmbH, Stuttgart

Print:
ISBN 978-3-17-036338-0

E-Book-Formate:
pdf: ISBN 978-3-17-036339-7
epub: ISBN 978-3-17-036340-3
mobi: ISBN 978-3-17-036341-0

Für den Inhalt abgedruckter oder verlinkter Websites ist ausschließlich der jeweilige Betreiber verantwortlich. Die W. Kohlhammer GmbH hat keinen Einfluss auf die verknüpften Seiten und übernimmt hierfür keinerlei Haftung.

Inhalt

Vorwort 7

1 **Einleitung** 9
  1.1 Zeit und Raum 11
  1.2 Wissenschaftsgeschichte 15
  1.3 Die archäologischen Befunde und die griechischen Sagen 19
  1.4 Stand der Forschungen 25
  1.5 Quellen 28

2 **Troia** 30
  2.1 Troia I 32
  2.2 Troia II 33
  2.3 Troia III 36
  2.4 Troia IV 36
  2.5 Troia V 37
  2.6 Troia VI 37
  2.7 Troia VII A 42
  2.8 Troia VII B 43

3 **Zypern** 44
  3.1 Akeramisches Neolithikum (9. bis 6. Jahrtausend) .. 45
  3.2 Keramisches Neolithikum (5. bis Anfang 4. Jahrtausend) 47
  3.3 Chalkolithikum (um 3900 bis 2500) 48
  3.4 Bronzezeit (2500–1200/1100) 53
  3.5 Späte Bronzezeit 56

3.6	Alasija		61
4	**Kykladenkultur**		**63**
4.1	Das Frühkykladikum		65
4.2	Das Mittelkykladikum		72
4.3	Das Spätkykladikum		73
5	**Kreta**		**75**
5.1	Das Neolithikum		76
5.2	Das Chalkolithikum		77
5.3	Frühminoikum (FM)		78
5.4	Mittelminoikumt (MM)		85
5.5	Spätminoikum (SM)		94
5.6	Minoische Gesellschaft und Wirtschaft		103
5.7	Minoische Religion		109
5.8	Gräber und Bestattungen		120
5.9	Architektur und Kunst		122
5.10	Seefahrt und Schiffe		133
6	**Aigina**		**139**
7	**Das griechische Festland**		**144**
7.1	Mesolithikum		144
7.2	Neolithikum		147
7.3	Frühhelladikum		155
7.4	Mittelhelladikum		168
Literaturverzeichnis			**182**
Index			**191**

Vorwort

Diese kurze Einführung in die Beschäftigung mit der »Ägäischen Frühzeit« verdankt ihre Entstehung der Anregung seitens Studierender der »Alten Geschichte« bzw. der »Archäologie« an der Universität Graz. Anlass hierzu boten Lehrveranstaltungen zum Themenbereich »Geschichte der Frühzeit des ägäischen Raumes«, im Rahmen derer von Lehrveranstaltungsteilnehmenden immer wieder nach einer Einführung in diese Materie gefragt wurde, die über bislang existierende ähnliche einschlägige Werke sowohl an Ausführlichkeit als auch hinsichtlich des zu eng gefassten geographischen Rahmens hinausginge. Daraus entstand dieses Buch als der erste Teil einer solchen Einführung. Es beruht im Wesentlichen auf dem Inhalt einschlägiger Lehrveranstaltungen. Beim Verfassen dieser Einführung konnte ich mich hinsichtlich der wissenschaftlichen Tragfähigkeit der Darstellung auf Hilfe meiner Kolleginnen und Kollegen der Archäologie (Maria Christidis, Manfred Lehner und Gabriele Koiner) sowie der Alten Geschichte (Margit Linder und Sabine Tausend) stützen. Zur besseren Verständlichkeit der Ausführungen trugen die Korrekturen einiger Studierender (vor allem von Verena Reiter und Matthias Scholler) sehr wesentlich bei. All diesen Personen sei an dieser Stelle gedankt, ganz besonders aber meiner Frau Sabine für ihre stetige Hilfe und Geduld. Nicht zuletzt sei natürlich auch dem Kohlhammerverlag für die Aufnahme dieses Buches in sein Programm gedankt, vor allem aber Herrn Peter Kritzinger für dessen Mühe und unerschöpflichen Langmut bei der Korrektur des Manuskripts.

1 Einleitung

Das vorliegende Buch soll eine knappe übersichtsartige Darstellung der Geschichte und Kulturen des ägäischen Raumes in prähistorischer Zeit bieten. Den geographischen Rahmen der Darstellung bilden hierbei das griechische Festland, die Westküste Kleinasiens, die Inseln der Kykladen sowie die große Insel Kreta. Gewissermaßen aus diesem Rahmen fallend wird auch die Insel Zypern behandelt, da sie – zumindest zeitweise – in enger Beziehung zu den Kulturen der genannten Gebiete gestanden hat.

Den zeitlichen Rahmen geben das Neolithikum sowie die frühe und mittlere Bronzezeit vor, also die Zeit vom 7. Jahrtausend bis zum 17. Jahrhundert (die Angaben beziehen sich im gesamten Buch – sofern nicht anders angegeben – auf die Zeit vor Christi Geburt), wobei diese beiden Grenzen nicht in allen Gebieten gleichermaßen gezogen werden können bzw. sinnvoll zu ziehen sind. Die nachfolgenden Epochen der späten Bronzezeit, also die mykenische Zeit und die frühe Eisenzeit, die ebenfalls der Prähistorie angehören, werden in einem zweiten Band vorgestellt werden, wobei die Teilung dadurch gerechtfertigt erscheint, dass in der mykenischen Epoche der gesamte Raum der Ägäis uns kulturell relativ einheitlich als jener der »Mykenischen Kultur« entgegentritt und zudem die zur Verfügung stehenden Quellen ein wesentlich größeres Spektrum an behandlungsrelevanten Themen bieten, sodass sich schon aus Platzgründen eine Zweiteilung der Darstellung empfiehlt.

Diese Kurzdarstellung, die alle aufgrund der zur Verfügung stehenden Quellen erschließbaren Bereiche der prähistorischen ägäischen Kulturen behandelt, wendet sich an einen breiten Leserkreis. In erster Linie wurde es verfasst, um Studierenden der altertumswissenschaftlichen

1 Einleitung

Fachrichtungen – also der Klassischen Archäologie, der Klassischen Philologie und der Alten Geschichte – sowie denen der nahe verwandten Fächer – konkret der Ägyptologie, der Hethitologie und Altorientalistik – einen leicht verständlichen Einstieg in die Geschichte einer Zeit zu bieten, die in den gängigen Überblickswerken allenfalls am Rande Erwähnung gefunden hat. Des Weiteren richtet sich das Buch an eine Leserschaft, die über die zahlreichen populärwissenschaftlichen Abhandlungen hinausgehend an Themen der Antike interessiert ist, der jedoch diverse sehr eingehende Untersuchungen zur ägäischen Prähistorie allzu speziell erscheinen.

Den Anforderungen dieses Zielpublikums entsprechend wurde in der vorliegenden Darstellung zwar versucht, örtlich wie zeitlich sämtliche Themenbereiche der Ägäischen Frühzeit zu behandeln oder zumindest anzusprechen, auf die Erörterung kontrovers diskutierter Punkte, wie sie vor allem in der Prähistorie häufig anzutreffen sind, wurde großteils verzichtet, und solche Themen wurden nur in den Fällen angesprochen, in denen es nach der Meinung des Verfassers um grundlegende Fragestellungen geht, wie etwa – um nur ein Beispiel zu nennen – um die in jüngster Zeit sehr unterschiedlich bewertete politisch-wirtschaftliche Rolle der minoischen Paläste. In allen übrigen Fällen hält sich das Buch an die jeweils vom Großteil der modernen Forschung vertretene Position oder bringt – deutlich gekennzeichnet – die Ansicht des Verfassers zum Ausdruck.

Dementsprechend beruht das vorliegende Buch – neben sehr wenigen umfangreicheren Monographien, die ihrerseits alle auf jeweils eine der bronzezeitlichen Kulturen beschränkt sind – auf einer Fülle von Einzeluntersuchungen zu speziellen Bereichen der zu behandelnden ägäischen Kulturen, welche zu einem hoffentlich instruktiven Gesamtbild des Darstellungszeitraumes zusammengefasst wurden. In der Bibliographie am Ende des Buches finden sich sodann die wichtigsten Untersuchungen zu den einzelnen Themenbereichen, wobei Vollständigkeit weder angestrebt wurde, noch realisierbar gewesen wäre. Zwar hat sich der Verfasser mit den jeweiligen in diesem Buch behandelten Themen auf Basis der neueren Forschungsliteratur auseinandergesetzt, doch hat er nur in einigen Ausnahmefällen selbst zu solchen neuen Forschungsergebnissen beigetragen, zumal sein Forschungsschwerpunkt in der Mykenologie liegt, die allerdings erst im zweiten Band im Mittelpunkt der Betrachtung stehen wird.

1.1 Zeit und Raum

Der ägäische Raum bildet seit Jahrtausenden eine geographische Entität, da die hier gelegenen Länder und Inseln durch das Meer weniger getrennt als vielmehr verbunden sind. In der Tat beeinflussten sich diese Gebiete gegenseitig, wobei naturgemäß der Verkehr und besonders der Handel über See eine wichtige und unmittelbare Rolle spielte.[1]

Abb. 1: Die Kulturräume der Ägäis im Neolithikum und in der Bronzezeit

---

1 Umfassend zum Handel in der Ägäis siehe Gale (Hg.), 1991.

1 Einleitung

All dies ist für historische Epochen, das heißt für die Zeit nach dem 9. Jahrhundert längst bestens bekannt und bedarf auch keiner weiteren Erörterung. Nicht so selbstverständlich ist, dass die Kontakte und gegenseitigen Beeinflussungen der die Ägäis umrahmenden Kulturen weit älter sind: sie reichen nämlich über die Bronzezeit bis in die (mittlere und späte) Jungsteinzeit zurück! Diese Epochen im Ägäisraum zu beleuchten und die Interpendenzen der einzelnen Kulturen (Festland, Kreta, Kykladen und Troia) aufzuzeigen, ist das Ziel der vorliegenden überblicksartigen Darstellung. Die Geschichte des (groß-) griechischen Raumes muss daher der Geschichte der vorderasiatischen und der ägyptischen Kulturen an die Seite gestellt werden.

Die Ägäische Frühzeit umspannt beinahe sieben Jahrtausende und vier politisch, wirtschaftlich und kulturell miteinander in Verbindung stehende Siedlungsräume: Die West-Küste Kleinasiens (besonders Troia), die Inseln der Kykladen, Kreta und das griechische Festland; gleichsam als ›Außenposten‹ sowie ›Bindeglied‹ zu Anatolien und der Levante soll auch die Insel Zypern in die Betrachtung miteinbezogen werden. Die, verglichen mit den davor liegenden Epochen der mittleren und späteren Jungsteinzeit, wesentlich besser dokumentierte Bronzezeit (BZ) in den drei zentralen Kulturräumen wird als Kykladikum (C) auf den Inseln, als Minoikum (M) in Kreta und als Helladikum (H) auf dem griechischen Festland bezeichnet und jeweils in eine frühe (F), mittlere (M) und späte (S) Phase unterteilt, die ihrerseits wiederum in zwei bis drei Abschnitte unterteilt werden. Die vierte Kultur, die den Raum der bronzezeitlichen Ägäis geprägt hat, ist die der kleinasiatischen Westküste. Ihre Einteilung und Datierung wird nach der bedeutendsten Siedlungsstätte dieses Gebietes vorgenommen, nach Troia. Die Datierung dieser Stätte erfolgt allerdings nicht wie die der anderen Kulturen nach dem Schema »Früh-, Mittel- und Spät-« sondern nach den auf einander folgenden auf einander folgenden Siedlungsschichten Die nach diesen Siedlungsschichten benannte Einteilung Troia I bis VII a und b wird mit den Datierungen der anderen Kulturräume verglichen und synchronisiert.

Diese Datierungen basieren allesamt einerseits auf relativer Chronologie, d. h. der Abfolge der Fundschichten an den jeweiligen Ausgrabungsstätten, welche aufgrund der archäologischen (vor allem keramischen)

1.1 Zeit und Raum

Evidenz der einzelnen Räume erstellt und chronologisch zueinander in Beziehung gesetzt werden kann, andererseits aber auf Synchronismen mit Befunden zeitgleicher Kulturen des Vorderen Orients, Kleinasiens und Ägyptens, die (oftmals in Gräbern) mit Artefakten des Ägäisgebietes vergesellschaftet sind. Zuweilen gelingt es, das daraus entstehende chronologische Gerüst auch durch Daten, die mittels naturwissenschaftlicher Methoden (der Dendrochronologie, der Thermoluminiszenz, vor allem aber der C14-Datierung) gewonnen werden, zu ergänzen.[2] Die diversen Methoden ermöglichen eine vorläufige chronologische Tabelle des Neolithikums und der Bronzezeit im Ägäisraum zu erstellen, die jedoch durch neue Funde jederzeit revidiert werden kann und daher als ›vorläufig‹ anzusehen ist:[3]

Tab. 1: Chronologische Tabelle des prähistorischen Ägäisraumes

	TROIA	KYKLADEN	KRETA	FESTLAND
7000	NEOLITHIKUM	NEOLITHIKUM	NEOLITHIKUM Älteste Siedlungsspuren	NEOLITHIKUM Präkeramikum Frühneolithikum Magulen
6500				
6000				Mittelneolithikum Sesklokultur
5500	Erste Siedlungen			Spätneolithikum Tsangliphase
5000				
4500		Erste Siedlungen		Spätneolothikum Diminikultur
4000				

---

2 Zu den einzelnen naturwissenschaftlichen Datierungsmethoden siehe übersichtlich und leicht verständlich. Baebler 2004.
3 Die nachfolgende Tabelle der Chronologie der Ägäischen Frühzeit stützt sich großteils auf die eingehenden Untersuchungen von Warren/ Hankey 1989.

1 Einleitung

Tab. 1: Chronologische Tabelle des prähistorischen Ägäisraumes – Fortsetzung

3500				Zuwanderung aus Kleinasien	*Endneolithikum Rachmaniphase*
3100	BRONZEZEIT	BRONZEZEIT		BRONZEZEIT	BRONZEZEIT
3100	TROIA FRÜHE BRONZEZEIT	KYKLADEN FRÜHE BRONZEZEIT (Frühkykladikum)		KRETA FRÜHE BRONZEZEIT (Frühminoikum)	FESTLAND FRÜHE BRONZEZEIT (Frühhelladikum)
3000	Troia I	Grotta-Pelos-Phase Kampos-Gruppe		FM I	FH I
2900					
2800		Keros-Syros-Phase		FM II A	
2700					FH II
2600	Troia II				
2500	In der Umgebung weiterhin Troia I			Kastri-Gruppe	FM II B
2400					
2300	*Zerstörungen Troia III*			*Regionale Zerstörungen FM III*	
2200	*Zerstörungen Troia IV*	Pylakopi I-Phase			*Zerstörungen FH III*
2100				*Vorpalastzeit*	
2000				*MITTLERE BRONZEZEIT (Mittelminoikum)*	*MITTLERE BRONZEZEIT (Mittelhelladikum)*

1.2 Wissenschaftsgeschichte

Bis in die zweite Hälfte des 19. Jahrhunderts hat die sich etablierende Altertumswissenschaft den Beginn der Geschichte Griechenlands und des griechischen Raumes mit Homer und der sog. »Homerischen Zeit«, also mit dem 8. Jahrhundert, angesetzt. Zwar war es auch den Gelehrten jener Zeit klar, dass es eine Geschichte vor Homer gegeben haben musste, wofür vor allem archäologische Überreste – zum Teil von gewaltiger Größe – deutlich Zeugnis ablegten. Solche waren in erster Linie die Ruinen mykenischer Burgen, besonders die von Tiryns, aber auch die von Mykene sowie die noch zu einem großen Teil erhaltenen Kuppelgräber jener Zeit, die man jedoch für »Schatzhäuser« hielt. Dass es sich hierbei nicht um Bauwerke der »Griechen« handelte, sondern um die einer älteren Gesellschaft, konnte zwar noch nicht durch archäologische Untersuchungen untermauert werden – solche begannen erst in der zweiten Hälfte des 19. Jahrhunderts –, wurde aber von den Aussagen antiker Autoren bestätigt. Als Kronzeuge wurde hierbei der antike Perieget Pausanias aus dem 2. Jahrhundert n. Chr. herangezogen, von dem schließlich nicht nur die Beschreibung einiger der beeindruckendsten Überreste der vorgriechischen Zeit stammte, sondern auf den auch Bezeichnungen wie »Schatzhaus des Minyas« für das Kuppelgrab von Orchomenos in Boiotien zurückgehen.

Es war den Gelehrten des 19. Jahrhunderts also klar, dass es eine historische Epoche vor der Zeit Homers gegeben hatte, doch fehlten ihnen – abgesehen von den wenigen Ruinen – die Zeugnisse für diese Epoche. Als Beispiel für Altertumsforschung dieser Zeit sei zunächst eine der ersten umfassenden »Griechischen Geschichten« von Ernst Curtius genannt:[4]

> »Die Hellenen selbst hatten keine Überlieferung einer massenhaften Einwanderung ihres Volkes; es findet sich in ihren Sagenkreisen keine Erinnerung einer fernen Urheimat; sie wussten auch von keinem fremdartigen Volke, das sie in ihrem Lande vorgefunden und dann ausgetrieben oder unterworfen hätten.«[5]

---

4 Curtius 1857.
5 Alle Zitate stammen aus S. 26 des Werkes von Curtius.

1 Einleitung

Die Urheimat der Hellenen sei daher in Kleinasien zu suchen, von wo sie nach Griechenland gekommen seien: »So weit ist der Inhalt der Sagen klar und deutlich; es ist das Bewußtsein einer aus Osten durch Colonisation übertragenen Cultur.«[6] Curtius nimmt also eine vorgriechische Bevölkerung an, konkret die Pelasger, sieht in dieser jedoch »Stammesverwandte« der Hellenen. Zu dieser zählte er auch die Minoer, die Vorbevölkerung Kretas, welche die erste »Reichsmacht des hellenischen Alterthums« gegründet hätten.[7] Ebenfalls dieser Vorbevölkerung schreibt Curtius die Bewohner Troias zu und handelt ausführlich über die vorteilhafte Lage dieser Stadt – freilich ohne deren genaue Lokalisierung zu kennen.[8] Die Bewohner Griechenlands entstammten aus den autochthonen Pelasgern und einwandernden aber stammesverwandten Gruppen aus Kleinasien. Aus dieser Vermischung entsprangen die Menschen, die Homer Achäer nannte und von denen die zur Zeit Curtius' sichtbaren gewaltigen Ruinen stammten. Wie deutlich sichtbar, wurde die griechische Vorgeschichte von Curtius aus der Überlieferung der Sagen rekonstruiert.

Da es sich für die Forschung auf jeden Fall um eine vorgriechische Epoche gehandelt haben musste, kamen für andere Gelehrte die in den griechischen Sagen und Mythen überlieferten Stoffe als historische Quelle nicht in Frage, da es sich bei den Protagonisten dieser Überlieferung um Griechen mit – zum Teil wenigstens – griechischen Namen handelte, während die Träger der Vorgängerkultur die nichtgriechischen Pelasger waren. Dementsprechend wurden diese Stoffe für Sagen ohne jedweden historischen Bezug angesehen – eine Ansicht, die diese Gelehrten von Curtius, aber auch von jenen etwas späterer Zeit unterschied. Lediglich die Namen einiger Völker, die auch in den Sagenstoffen als die von vorgriechischer Bevölkerung angeführt wurden, wie beispielsweise die Karer oder Leleger, besonders aber die Pelasger, wurden als historisch relevant angesehen. Diesen Völkern wurden somit folgerichtig auch die archäologischen Überreste der vorgriechischen Zeit zugeschrieben, freilich ohne über die Geschichte dieser Völker mehr aus-

---

6 Ebda S. 40.
7 Ebda S. 59.
8 Eba S. 66 f.

sagen zu können als dass sie vor den Griechen im Raum der Ägäis gelebt hatten.

Als Beispiel für diese Forscher sei hier nur G.F. Schoemann genannt, dessen Werk bereits einige Jahre vor dem Werk von Curtius erschienen war.[9] Aber auch er betont die Verwandtschaft von Griechen und Pelasgern:

> »Die Hellenen aber, die wir den Pelasgern entgegensetzen, waren ohne Zweifel selbst nichts anderes als ein einzelnes Glied in der Reihe verwandter Völkerschaften, die unter dem gemeinsamen Pelasgernamen begriffen sind.«[10]

Schoemann kommt auch auf die archäologischen Überreste der vorgriechischen Zeit zu sprechen: »Aus der vorhellenischen Zeit stammen einige Werke in verschiedenen Theilen Griechenlands, die einen nicht geringen Grad von Cultur verrathen und zum Theil wegen ihrer Grossartigkeit wahrhaft Bewunderung erregen.«[11] Schoemann nennt als solche vor allem die »kyklopischen« Mauern von Tiryns, die Schatzhäuser des Artreus und des Minyas sowie das Löwentor von Mykene. Er bringt also bereits diese prähistorischen, zu seiner Zeit durchaus sichtbaren Überreste mit einem Volk in Verbindung, das vor den Griechen existierte. Über die Historizität der sagenhaften Überlieferung stellt er schließlich am Beispiel des Troianischen Krieges fest: »Der troianische Krieg und die damit zusammenhängenden Ereignisse, die den Inhalt der homerischen Gedichte ausmachen, gehören augenscheinlich vielmehr dem Bereich der Fabel als dem der Geschichte an.«[12]

Zusammenfassend kann man somit konstatieren, dass die frühe Forschung deutlich zwischen der griechischen Geschichte ab der homerischen Zeit und der davor liegenden Epoche zu unterschied und diese auch Völkern und Kulturen zuschrieb. Über die Geschichte jener Zeit konnte sie freilich nichts berichten, weshalb sie diese teilweise mit der Überlieferung der griechischen Sagenwelt ergänzte. Auch brachte sie die wenigen sichtbaren Überreste aus prähistorischer Zeit mit jener vor-

---

9 Schoemann 1855.
10 Ebda S. 3 und 5.
11 Ebda S. 8.
12 Ebda S. 20.

griechischer Bevölkerung und Geschichte in Verbindung, ohne diese Überreste archäologisch beurteilen zu können.

In seiner stark wissenschaftsgeschichtlich ausgerichteten Arbeit stellt Ingomar Weiler fest:

>»Neue Impulse erfuhr die Altertumswissenschaft durch jene Richtung, die sich auf die Erforschung der frühen Welt Griechenlands konzentrierte, vor allem durch Heinrich Schliemanns (1822–1890) Ausgräberaktivitäten. Sein erklärtes Ziel war es, jene Stätten wiederzuentdecken, von denen die Epen Homers handeln [...].«[13]

Tatsächlich begann mit den Ausgrabungen Schliemanns in Troia, Mykene, Tiryns und Orchomenos in den 70er und 80er Jahren des 19 Jahrhunderts die archäologische Erforschung der Ägäischen Frühzeit. Gleichzeitig – zumal Schliemann nach eigener Aussage »mit der Ilias in der Hand« Troia entdeckt und ausgegraben hatte – wurden die Ergebnisse dieser ›neuen‹ Quellengattung im Lichte der griechischen Sagen, besonders der homerischen Epen, kritisch interpretiert.

Zu den ersten Gelehrten, die archäologische Befunde in hohem Maße in ihre Darstellungen der Frühgeschichte Griechenlands miteinbezogen und diese mit der epischen Überlieferung kombiniert haben, zählt Adolf Holm.[14] Gleichsam als Bekenntnis zur Heranziehung der archäologischen Erkenntnisse erklärt der Gelehrte:

>»Wir sind somit zu dem Schlusse gekommen, dass nicht nur Überlegungen allgemeinen Charakters, sondern auch die Prüfung einzelner Sagen zeigt, dass die überlieferten Sagen keine solide Basis für die älteste Geschichte darbieten. [...] Was wissen wir nun im Einzelnen von den Zuständen der Griechen in den Zeiten vor der dorischen Wanderung? Vor Allem das, was uns die Funde lehren, welche auf griechischem Boden gemacht worden sind, und glücklicherweise an Orten, die im Alterthum als Hauptsitze der Macht und Kultur der ältesten Zeit galten.«[15]

Eine anders geartete, die zeitliche Dimension berücksichtigende Verbindung von den griechischen Sagenstoffen – besonders der in den homerischen Epen tradierten – mit den Erkenntnissen der archäologischen Forschung über die prähistorischen Stätten Griechenlands stellt zur

---

13 Weiler 1988, 16.
14 Holm 1886.
15 Ebda S. 64 und 95.

gleichen Zeit Georg Busolt in seinem Werk her.[16] Seine Arbeit beginnt mit einem kurzen Überblick über die prähistorische Ausgrabungen des ägäischen Raumes und über die diese Forschung dokumentierenden Literatur. Daran anschließend folgt eine ausführliche Darlegung der einzelnen Grabungsstätten und ihrer historischen Bedeutung:

»Gewaltige Mauern und Kuppelgräber sind die Marksteine der üppig entwickelten Kultur, welche kurzweg die mykenische genannt zu werden pflegt und für die Geschichte als älteste auf griechischem Boden in Betracht kommt [...]. Unzweifelhaft waren die Burgen von Mykene und Tiryns Sitze bedeutender Fürsten [...].«[17]

Das gesamte erste Kapitel von Busolts Werk beschäftigt sich mit der mykenischen Kultur in all ihren Aspekten, wobei sich der Autor bemüht, seine Aussagen so weit wie möglich auf die zu seiner Zeit fassbaren archäologischen Befunde zu stützen.[18] Am Ende des ersten Abschnitts seiner Griechischen Geschichte bemüht sich Busolt methodisch korrekt das Verhältnis der mykenischen Kultur zu den Angaben der Epen zu beschreiben:

»Die homerische Kultur ist jünger als die mykenische, sie ist einfacher und maßvoller [...] Zeigt die Kultur des Epos eine niedrigere Stufe der technischen Entwicklung [...].«[19]

1.3 Die archäologischen Befunde und die griechischen Sagen

Die Grabungen Schliemanns schienen den Beweis dafür erbracht zu haben, dass die Sagen der Griechen Tatsachen und Ereignisse wiedergeben, deren Historizität und zeitliche Verortung im bronzezeitlichen Griechenland die Archäologie in der Lage war, durch ihre Befunde zu

---

16 Busolt 1885.
17 Ebda S. 3 bis 39.
18 Ebda bis zur S. 126.
19 Ebda S. 113.

belegen. Diese Ansicht, die sich in der Nachfolge Schliemanns stark verbreitet hat, wird allein durch die Tatsache belegt, dass viele archäologische Monumente und Einzelfunde mit Namen versehen wurden, die der Sagenwelt – vornehmlich den homerischen Epen – entnommen wurden. Erinnert sei hier nur an das »Grab der Klytaimnestra« und die »Goldmaske des Agamemnon« in Mykene, den »Schatz des Priamos« in Troia, den »Nestorpalast« im mykenischen Pylos und den »Palast des Minos« in Knossos.

Darüber hinaus wurden nicht nur einzelne Namen des Mythos, sondern auch komplexe Ereignisse wie die Zerstörung von Troia oder die von Mykene mit archäologisch belegten Befunden in Zusammenhang gebracht. Ganz besonders gilt dies natürlich für die epische Überlieferung vom Troianischen Krieg, beschränkt sich aber keineswegs auf diese.

Dieser ›Behandlung‹ der griechischen Vorgeschichte widersetzten sich allerdings auch einige Forscher, sodass die Diskussion darüber entbrannte, ob und, wenn ja, in welcher Form und bis zu welchem Grad die griechischen Sagenstoffe historisch auswertbar sind.[20] Als Beispiele für diese Kontroverse seien hier nur die Werke zweier Vertreter der Extrempositionen angeführt. Auf der einen Seite ist dies Franz Hampl, der in einigen Werken darzulegen versuchte, dass die Sagen keinerlei historische Aussagekraft haben und letztlich nicht grundsätzlich anders zu behandeln sind als Märchen.[21] Dem gegenüber steht Fritz Schachermeyr, ein hervorragender Kenner des zu seiner Zeit verfügbaren archäologischen Materials, der versuchte, die gesamte Fülle griechischer Sagenstoffe historisch aussagekräftig zu machen.[22] Als Beispiel, in welchem Maße Sagenstoffe als historische Ereignisse der ägäischen Bronzezeit präsentiert werden, mag hier eine 2008 erschienene Monographie dienen:

---

20 Zur diesbezüglichen Forschungsdiskussion sie Ulf (Hg.), 2001.
21 Hampl 1975, 1–50 und 51–99.
22 Gleichsam als Zusammenschau derartiger Forschungen Schachermeyrs seien die Monographien Schachermeyr 1984 und (noch deutlicher) ders.1983 genannt. Man vergleiche auch den aussagekräftigen Titel eines umfangreichen Ausstellungskataloges zum mykenischen Griechenland: Demakopoulou (Hg.), 1988.

1.3 Die archäologischen Befunde und die griechischen Sagen

»Der Krieg [i. e. der Troianische] fand irgendwann zwischen 1230 und 1180 statt, wahrscheinlicher noch zwischen 1210 und 1180. Zum letzteren Zeitpunkt wurde Troja durch ein verheerendes Feuer zerstört«.

Und zu den Protagonisten (nach der Ilias) dieses epischen Kampfes meint er (S. 21):

»Und was ist mit Hektor, Odysseus, Priamos, Paris und Hekabe, Agamemnon, Menelaos und Thersites? Gab es sie wirklich, oder hat ein Dichter sie erfunden? Wir wissen es nicht, aber Namen gehören zu den Dingen, die in der mündlichen Tradition am leichtesten weitergegeben werden, und damit steigt die Wahrscheinlichkeit, dass sie einst tatsächlich lebten [...]. Deshalb wird dieses Buch Homers Helden als Charaktere verstehen, die wirklich gelebt haben. Der Leser sollte immer daran denken, dass ihre Existenz plausibel aber nicht bewiesen ist. Ihre Beschreibungen basieren auf Homer und, wo immer es möglich ist, auf Details, die die Archäologie, Epigraphik, Kunst und anderes geliefert haben.«[23]

Angesichts solcher in jüngster Zeit getroffener Aussagen, scheint es angebracht, ein Wort über die Entstehung und Gestalt von Sagen – insbesondere von Epen – zu verlieren. Zu allererst soll festgehalten werden, dass Epen vor ihrer schriftlichen Fixierung eine lange mündliche Tradition voraussetzen, im Zuge derer immer wieder Neues hinzugefügt und Anderes weggelassen wurde. Diese Mnemotechniken der mündlich operierenden Dichter und Sänger wurden eingehend von der Forschung zur »Oral Poetry« behandelt.[24]

Bei der Frage nach dem historischen Gehalt von Sagen und Epen sind zunächst zwei Begriffe streng voneinander zu trennen: Der »Historische Kern« und der »Historische Hintergrund«. Unter letzterem sind alle Bestandteile einer Sage oder eines Epos zu verstehen, die nicht den eigentlichen Stoff betreffen, sondern vielmehr die nicht handlungsrelevanten Zusatzinformationen. Hierzu gehören immaterielle Dinge wie die sozialen Verhältnisse, die Herrschaftsformen, oder generell Sitten und Gebräuche, vor allem aber materielle Bestandteile, wie die Beschreibung von Bauwerken, Fahrzeugen (z. B. Wagen und Schiffen), von Waffen und Kleidung sowie von Schmuck und anderen Gebrauchsgegenständen. Diese den Historischen Hintergrund betreffenden Erwähnungen

---

23 Strauss 2008.
24 Hierzu siehe Haymes 1977 und Latacz (Hg.), 1979.

stammen – der langen Entwicklung einer Sage oder eines Epos entsprechend – aus den unterschiedlichsten Orten und Zeiten, beginnend von der ersten Tradierung eines Stoffes bis zur Zeit der endgültigen schriftlichen Abfassung. Für das Beispiel der Ilias bedeutet dies, dass die einzelnen Elemente in den gesamten Zeitraum von der mykenischen Epoche bis zur Abfassungszeit des Epos (8. Jahrhundert) gehören könnten. Zu den mykenischen Elementen zählen hierbei vor allem Waffen, wie der Eberzahnhelm des Meriones oder der Turmschild des Großen Aias. Bemerkenswert ist hinsichtlich dieser beiden wohl ältesten Teile, dass sie in der Ilias deutlich als besondere Einzelstücke charakterisiert werden, während sie in mykenischer Zeit die ›Standartbewaffnung‹ gut gerüsteter Krieger darstellten. Die meisten Versatzstücke gehören allerdings deutlich einer späteren Zeit an, viele dem Jahrhundert der Abfassung des Epos. Dies gilt insbesondere für die immateriellen Teile des Historischen Hintergrundes, für Dinge also, die nicht in Form von antiquarischen Stücken lange Zeit erhalten geblieben sein können und somit erst von späteren Sängern oder Dichtern gesehen werden konnten. So gehören in der Ilias zwar manche Waffen oder Beschreibungen von Burgen und Palästen in die mykenische Zeit, gesellschaftliche Verhältnisse oder Regierungsformen hingegen stammen ausschließlich aus einer viel späteren Zeit.

Der Historische Kern, also der eigentliche Stoff einer Erzählung samt Orts- und Personennamen, ist viel schwieriger zu verorten. Doch welche Zerstörung? Im Laufe ihrer langen Geschichte wurde diese Stadt bekanntlich mehrmals zerstört – zweimal im 3. Jahrtausend, zwei bis dreimal im 2. Jahrtausend und schließlich zweimal im ersten Viertel des 1. Jahrtausends (dazu unten Kap. 2).

Um die Schwierigkeit zu verdeutlichen, den solchen Historischen Kern einer Sage festzumachen, sei als Vergleich ein anderes Epos kurz angesprochen: das Nibelungenlied. Bezüglich des Historischen Hintergrundes dieses in mittelhochdeutscher Sprache verfassten und im 13. Jahrhundert niedergeschriebenen Epos kann festgehalten werden, dass einige Schilderungen – vor allem was Waffen betrifft – aus dem Ende des Frühmittelalters stammen, der Großteil der Bezüge jedoch aus dem Hochmittelalter stammt, nahe der Abfassungszeit des Epos. Nun

1.3 Die archäologischen Befunde und die griechischen Sagen

aber zum Historischen Kern, der wesentlich besser beurteilt werden kann, als im Falle der Ilias, da aus der in Frage kommenden Zeit – der Spätantike und dem Frühmittelalter – auch historiographische Quellen (in Latein) vorliegen, die für die Ilias natürlich fehlen.

Das Epos berichtet zunächst von den Taten des niederrheinischen (wohl fränkischen) Helden Siegfried, seiner Hochzeit mit der burgundischen Königstochter Krimhild und seinen Kämpfen gegen Sachsen und Dänen. Weiter erzählt das Epos vom Streit Krimhilds mit Brunhild, der Frau ihres Bruders Gunter und der aus diesem Zwist erwachsenen Ermordung Siegfrieds durch Hagen, den Dienstmann Gunters. Der zweite Teil des Epos handelt von der Rache Krimhilds an ihrem Bruder. Sie hatte nämlich den Hunnenkönig Etzel geheiratet und lebte mit ihm im Hunnenreich. Dorthin lud sie Gunter und all ihre Verwandten samt Gefolge ein, und ließ sie von den Hunnen töten, wobei ihr letztlich auch der mit Etzel und den Hunnen verbündete Gotenkönig Dietrich behilflich war. Sieht man von der sagenhaften Gestalt Siegfrieds ab – man denke an dessen Unverwundbarkeit, die Tötung eines Drachens und seine Herrschaft über Zwerge – so sind im Epos einige historische Ereignisse verarbeitet. Zum einen ist dies die Vernichtung des Burgunderreiches von Worms im Jahre 435 durch die Hunnen. In der Gestalt Gunters ging der damalige Burgunderkönig Gundahar in die Sage ein, ebenso wie Etzel, der historische Hunnenkönig Attila. Allerdings geschah die Vernichtung der Burgunden lange vor Attilas Regierung und sie geschah am Rhein nicht an der Donau (in Ungarn) auf hunnischem Gebiet. Der im Epos an diesem Kampf beteiligte Dietrich ist der historische Ostgotenkönig Theoderich, der allerdings erst eine Generation nach Attila und fünfzig Jahre nach dem Untergang des Burgunderreiches von Worms gelebt hatte. Der Streit zwischen Krimhild und Brunhild schließlich hat sein historisches Vorbild wohl im jahrelangen blutigen Streit der fränkischen Königinnen Fredegunde und Brunhilde im 6. Jahrhundert. Die Kämpfe gegen Sachsen und Dänen können historisch sogar erst in das 8. und 9. Jahrhundert datiert werden. Das Nibelungenlied bringt demnach Ereignisse und Personen völlig unterschiedlicher Zeiten und Orte, die miteinander auch nicht das Geringste zu tun hatten, in Verbindung und verdichtet sie zu einer Handlung. Stünden aber die historiographischen Berichte über die genannten Ereignisse und Personen nicht zur Verfügung, wäre es heute völlig unmöglich aus der Erzählungen des Epos die dahinterstehenden historischen Ereignisse zu rekonstruieren.

Es soll somit nicht in Abrede gestellt werden, dass hinter den griechischen Sagenstoffen einschließlich der Ilias reale Ereignisse und Personen gestanden haben. Dennoch können diese mangels historiographischer Berichte nicht (mehr) rekonstruiert oder auch nur zeitlich verortet werden. Warum aber werden so viele griechische Sagenstoffe gerade mit vermuteten historischen Ereignissen aus mykenischer Zeit in Zusammenhang gebracht? Der Grund dafür liegt in der Tatsache, dass viele der Sagen – so auch die von Troia – an eindrucksvollen mykenischen Überresten, vor allem an Burgen und befestigten Städten, haften. Man verfährt also nach folgendem Prinzip: Der historische Kern einer Sage ist in die Zeit zu datieren, aus der die in der Sage erwähnten bedeutenden Ruinen stammen. Es handelt sich offenbar um einen klassischen Zirkelschluss. Gerade eindrucksvolle Ruinen neigen nämlich dazu, Sagenstoffe an sich zu ziehen oder diese sogar erst zu produzieren. Überreste aus längst vergangener Zeit, über die spätere Gesellschaften nichts mehr wussten, erregten bei diesen nicht nur Staunen und regte deren Phantasie an, sondern provozierten auch die Annahme, dass hier auch etwas Gewaltiges geschehen sein musste. Dinge eben, wie sie in – ursprünglich meist nicht verorteten – Sagen erzählt werden. Dieser Vorgang wird als »die sagenbildende Funktion von Ruinen« bezeichnet und kann letztlich weltweit beobachtet werden.

Der Kuriosität wegen sei hier noch ein Beispiel angeführt. Der im griechischen Mythos fest verankerte Kampf der Götter und Giganten, der das Schicksal der Welt bestimmte, wurde in historischer Zeit – neben anderen Schauplätzen – auch in Westarkadien lokalisiert. Ansatzpunkt für diese antike Lokalisierung war der Umstand, dass man in diesem Gebiet zuweilen die ›archäologischen‹ Überreste dieses mythischen Geschehens entdeckt hat: die Knochen der gefallenen Giganten. Mit sehr hoher Wahrscheinlichkeit kann man diese Überreste noch heute – gesammelt im lokalen Museum von Dimitsana – bestaunen. Es handelt sich um Mammutknochen, die aus einem in diesem Gebiet gelegenen »Mammutfriedhof« stammten. Das oben skizzierte Prinzip würde aus diesem Befund schlussfolgern, dass die Giganten am Ende der letzten Eiszeit gelebt hätten!

Daher bleiben in der hier vorliegenden Darstellung der ägäischen Frühzeit die griechischen Sagenstoffe – einschließlich der Ilias – gänzlich außer Betracht.

1.4 Stand der Forschungen

Die Ausgrabungen

Seit den Grabungen Schliemanns liegt die Erforschung der Ägäischen Frühzeit vornehmlich in den Händen von Archäologen.[25] Die Ausgrabungen Schliemanns an den verschiedenen Orten Griechenlands und Kleinasiens wurden bald (ab 1884) unter der Mitarbeit von W. Doerpfeld weitergeführt, der später die alleinige Verantwortung – vor allem in Tiryns – trug. Dieser stellte die Forschungen auf eine noch heute wissenschaftlich anerkannte Basis. Zur gleichen Zeit begannen auch an anderen prähistorischen Stätten Ausgrabungen, vornehmlich von griechischen Archäologen wie M. Kalokairinos (in Knossos), Chr. Tsountas (in Mykene und Vaphio sowie später, ab 1901, in Sesklo und Dimini), I. Chazzidakis (in Amnissos und in einigen Höhlen auf Kreta), V. Stais (auf Aigina) und A. Keramopoulos (in Theben).

Auch Forscher andere Länder begannen um die Jahrhundertwende prähistorische Ausgrabungen, so die Amerikaner H. Boyd, B. Seager und E. H. Hall auf Kreta (in Gournia, Vasiliki, Psira und Mochlos) sowie C. H. Smith (in Phylakopi auf Melos), der Italiener F. Halbherr (in Phaistos) und allen voran der Engländer A. Evans, dessen langjährige Grabungen (ab 1900) in Knossos erstmals 1905 als Publikation vorgelegt wurden.

---

25 Die folgende chronologisch geordnete Liste von Ausgrabungsstätten und den am Beginn der jeweiligen Ausgrabung stehenden Archäologen ist der ausführlichen Darstellung von Schiering 1969, 122–131 entnommen, der allerdings nicht nur die Aktivitäten an prähistorischen Stätten sondern auch solche an den klassisch-griechischen behandelt.

1 Einleitung

Weitere griechische Grabungen wurden zu Beginn des 20. Jahrhunderts in Kreta von I. Hazzidakis (in Tylissos und Malia) sowie S. Xanthoudidis (in Chamezi, Pyrgos und in der Messara) begonnen. In den 20er und 30er Jahren begannen vor allem die Ausgrabungen an den prähistorischen Stätten des griechischen Festlandes, so die schwedischen Unternehmungen in der Argolis von O. Frödin und A. W. Persson in Asine, von Persson in Berbati, Midea und Dendra, von M. N. Valmin in Malthi (Messenien) und E. J. Holmberg im westarkadischen Asea (1942). In den 20er Jahren begannen zudem die amerikanischen Ausgrabungen unter Carl Blegen an den peloponnesischen Stätten Zygouries (Korinthia) und Prosymna (Argolis); derselbe hatte übrigens schon 1915 in Korakou (bei Korinth) zu forschen begonnen.

Bald nach dem Zweiten Weltkrieg wurden die amerikanischen Grabungen in Lerna (Argolis) unter J. L. Caskey aufgenommen sowie die Erforschung mehrerer Magoulen in Thessalien durch deutsche Archäologen unter V. Milojčic. Ab 1948 wurden auch erstmals Ausgrabungen an der prähistorischen Stätte von Enkomi (Zypern) vom Franzosen C. F. A. Schaeffer und P. Dikaios aus Zypern durchgeführt.

Schließlich seien noch drei archäologische Stätten, deren Erforschung in den 50er und 60er Jahren begonnen hatte, wegen ihrer weitreichenden wissenschaftlichen Bedeutung genannt: 1951 starteten die amerikanischen Forschungen in Pylos beim sog. Nestorpalast unter Carl Blegen, der schon 1939 dort Versuchsgrabungen gemacht hatte, 1961 die Grabungen im ostkretischen Kato Zakro unter N. Platon, sowie im Jahre 1967 die Erforschung der Überreste der von einem Vulkanausbruch zerstörten minoischen Siedlung von Thera durch Spyridon Marinatos.

An vielen der oben genannten archäologischen Stätten werden die Untersuchungen in der einen oder anderen Form bis heute weitergeführt, wenngleich seit den 70er Jahren nur wenige ›neue‹ prähistorische Stätten von größerer Bedeutung zu diesen hinzugekommen sind, hier stellt allerdings Zypern eine gewisse Ausnahme dar. An den ›großen‹ Ausgrabungsstätten wie Mykene, Pylos, Midea und vielen anderen geht die archäologische Forschung unvermindert weiter und läßt dementsprechend immer genauere Aussagen zu den unterschiedlichen prähistorischen Epochen zu.

Die Schriftquellen

Zur archäologischen Forschung und der Nutzbarmachung der materiellen Evidenz für die Erforschung der Geschichte des prähistorischen Griechenlands trat in den 50er Jahren die Erschließung der Schriftzeugnisse aus dem mykenischen Kulturbereich. Bereits durch die Ausgrabungen von A. Evans in Knossos und C. Blegen in Pylos waren eine große Anzahl von mit einer Silbenschrift beschriebenen Tontafeln gefunden worden. Ab 1951 beschäftigte sich Michael Ventris, der im 2. Weltkrieg an der Decodierung von deutschen Nachrichten durch die Engländer mitarbeitete, mit der Entzifferung dieser Tontafeln, an denen auch andere englische Forscher wie E. L. Bennett und J. Chadwick arbeiteten. Zusammen mit Chadwick konnte Ventris schließlich 1953 in einem Aufsatz und 1956 in einer sehr umfangreichen Monographie[26] nicht nur die Schrift – Linear B genannt – großteils entziffern sondern auch nachweisen, dass es sich bei der Sprache, in der diese Schriftzeugnisse verfaßt waren, um eine altertümliche Form des Griechischen handelte. Seit dieser Zeit haben zahlreiche Forscher – vor allem aus England und den USA – an der weiteren Entschlüsselung dieser Texte gearbeitet, wobei auch die Textmenge stark angewachsen ist, zumal zu den Tontafeln aus den Archiven von Knossos und Pylos auch solche aus Theben, Mykene und Tiryns und (in geringer Zahl) aus anderen mykenischen Stätten getreten sind. Diese Schriftquellen erlauben es uns heute, über Themenbereiche wie Sozialgeschichte und Wirtschaftsgeschichte zu forschen, die von archäologischen Funden nur eingeschränkt beleuchtet werden können. Allerdings stehen diese Texte nur für die mykenische Zeit zur Verfügung, sodaß die davorliegenden prähistorischen Epochen des Ägäisraumes nach wie vor nur aufgrund archäologischer Zeugnisse erhellt werden können.

---

26 Ventris/Chadwick 1956.

1.5 Quellen

Für die gesamte Ägäische Frühzeit stehen fast ausschließlich archäologische Quellen zur Verfügung: Zum einen sind dies die materielle Evidenz (Keramik, Werkzeuge, Waffen und andere Gebrauchsgegenstände) sowie vor allem architektonische Befunde (d. h. Fundzusammenhänge) aus Siedlungen und Gräbern. Zum anderen existieren bildliche Darstellungen auf Gefäßen, Reliefs und Metallgegenständen und schließlich auch in Form von Skulpturen und Wandmalereien. Ergänzt werden diese Quellen durch wenige schriftliche Zeugnisse benachbarter Schrift-Kulturen, vor allem der Hethiter und Ägypter, sowie der Städte an der Levanteküste, wie z. B. Ugarit. Diese schriftlichen Zeugnisse, die den Ägäisraum gleichsam von außen beleuchten, setzen erst mit der Spätbronzezeit (im 15. Jahrhundert) ein. In Griechenland und Kreta existieren zudem auch schriftliche Quellen in griechischer Sprache. Diese, geschrieben auf Gefäßen und Tontafeln in der Schrift Linear B sind jeweils nur für einen sehr begrenzten Zeitraum – etwa für ein Jahr – aussagekräftig, da diese Schriftquellen auf ungebrannten Tontafeln verfasst wurden und eigentlich nur zur kurzzeitigen Aufbewahrung gedacht waren. Ihre Erhaltung verdanken diese Tafeln lediglich dem Umstand, daß sie bei der Zerstörung des jeweiligen Palastes, in dessen Archiv sie lagerten, gebrannt wurden und so die Jahrhunderte überdauern konnten.[27] Diese Schriftzeugnisse – verfasst in einer Silbenschrift – geben einen detaillierteren Einblick in Themenbereiche, wie Gesellschaft, Verwaltung, Militärorganisation, Wirtschaftssystem und Kultpraxis der mykenischen Welt.[28]

Die Linear B-Texte stammen – wie gesagt – erst aus dem Ende des 15. Beziehungsweise aus dem 14. Jahrhundert[29], größtenteils aber aus

---

27 Als umfassende Einführung zu Linear B empfiehlt sich Bartonek 2003.
28 Als weiterführende Literatur zur geographischen Dimension, Periodisierung und Chronologie der Ägäischen Frühzeit siehe Warren 1989, Dickinson 1994, Cullen 2001, Runnels/Murray 2001, Shelmerdine 2008.
29 Diese Datierungen (15. und 14. Jahrhundert) betreffen vor allem die Linear B-Funde aus Knossos, um deren zeitliche Einordnung allerdings nach wie vor eine heftige Kontroverse besteht.

dem 13. Jahrhundert, und sind daher als Quelle erst für die mykenische Zeit vorhanden. Es existierte bereits eine ›Vorgängerschrift‹, Linear A, die in Kreta seit etwa 1750 in Gebrauch war. Diese Schrift, aus der schließlich – wohl in Kreta – Linear B entwickelt wurde, gab jedoch keinen griechischen Dialekt wieder, sondern eine Sprache, die bis heute nur in Ansätzen verständlich ist. Die Linear A-Zeugnisse, die zweifelsohne geeignet wären, tiefere Einblicke in Verwaltung, Wirtschaft und Religion des minoischen Kreta zu vermitteln, können daher nur in einem äußerst beschränkten Maß Auskunft über die frühen Verhältnisse auf der Insel bieten. So ist es beispielsweise immerhin möglich, aus der Verbreitung der mit Linear A-Schriftzeichen bestimmter Paläste beschrifteten Siegel auf die Ausdehnung des Einflusses einzelner minoischer Zentren zu schließen.

Abb. 2: Linear B-Tafel

2 Troia

Periodisierung

Neolithikum ca. 5000–3000
Troia I 3000–2600
Troia II 2600–2350
Troia III 2350–2200
Troia IV 2200–1900
Troia V 1900–1750
Troia VI 1700–1300
Troia VII A 1300–1200
Troia VII B ab 1200

Die Ruinenstätte von Troia liegt auf dem Hügel Hisarlik in der nordwestlichen Ecke der Troas und umfasst neun Siedlungsschichten.[30] Die Schichten I, II und III gehören der Frühen, IV und V der Mittleren und VI, VII A und VII B der Späten Bronzezeit an, wobei diese Dreiteilung nicht nur auf der Einteilung der bronzezeitlichen Chronologie beruhend, sondern auch dadurch gerechtfertigt ist, dass die Phasen I, II, und III, sodann IV und V, sowie schließlich VI, VII A und VII B jeweils starke historische Gemeinsamkeiten und dadurch eine gewisse Zusammengehörigkeit aufweisen. Die Schichten VIII und IX stammen dagegen aus griechischer beziehungsweise römischer Zeit.[31]

---

30 Zur Forschungsgeschichte Troias siehe Allen 1999.
31 Zusammenfassend hierzu siehe Troia. Traum und Wirklichkeit. Begleitband zur gleichnamigen Ausstellung. Stuttgart 2001.

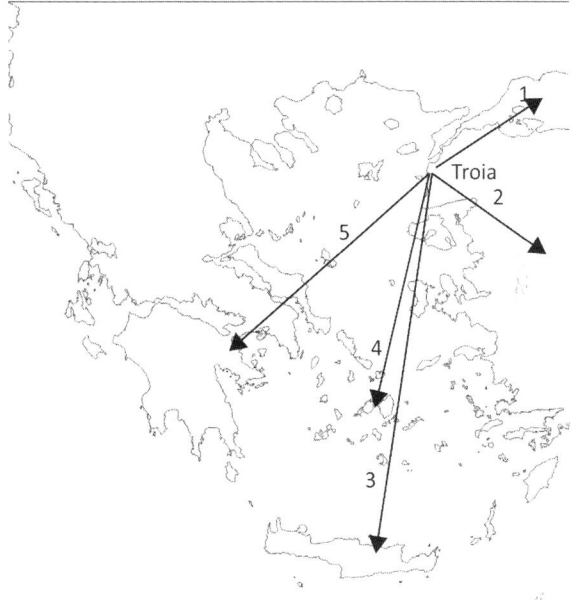

Abb. 3: Troia und seine Kontakte

Am Eingang zu den Dardanellen gelegen profitierte diese Stadt in der Bronzezeit als Knotenpunkt der Handelsrouten, die in den Balkanraum, nach Anatolien und weiter nach Vorderasien, in die Levante, ins Schwarzmeergebiet, nach Griechenland, Kreta und zu den Kykladen führten.[32] Die ersten Ansiedlungen in der Troas finden sich auf dem Kumtepe schon 5000. Um 4800 lässt sich ein Dorf nachweisen, dessen Bewohner von der Landwirtschaft und dem Fischfang lebten. Wirtschaftlich traten die Verarbeitung von Bronze und vor allem die Zucht von Schafen und Ziegen und die Verarbeitung von Wolle später hinzu.

---

32 Einen guten Überblick zum Thema Troia bieten Brandau 1997, Hertel 2001, Brandau u. a. 2004.

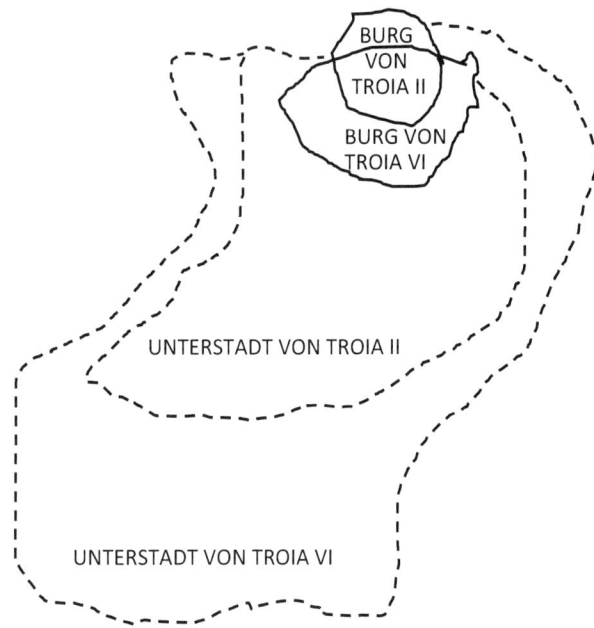

Abb. 4: Ungefähre Ausdehnung von Burg und Unterstadt von Troia II bzw. Troia VI

2.1 Troia I

Um 3000 bauten Zuwanderer auf dem Hügel Hisarlik, wo zuvor nur wenige Hütten bestanden hatten, eine Stadt mit einer geböschten Befestigungsmauer, die drei Tore aufwies und mit zum Teil großen herrschaftlichen Langhäusern (Steinsockel mit Lehmaufbau) im Inneren bebaut war. Im Zentrum der Stadt stand ein Megaron, das wohl als Herrschersitz zu werten ist. Die handgemachte polierte Keramik dieser Siedlung zeigt oft charakteristische, stilisierte Gesichter und wurde in ca. 60 unterschiedlichen Gefäßtypen gefertigt. Die umliegende Landwirtschaft kannte eine große Fülle von Getreidearten und Hülsenfrüchten sowie die Zucht von Rindern, Schweinen, Ziegen und Schafen. Die zahlreichen Funde von Spinnwirteln und Webgewichten zeugen zudem von einer bestens etablierten Textilproduktion, die weit über den Eigenbedarf hinausging und somit wohl auch für den Handel bestimmt war. Zudem spielten die Schifffahrt und der Seehandel bereits eine bedeutende Rolle. Troia unterhielt intensive Handelskontakte, die bis ins Marmarameer, nach Syrien und bis zum Kaukasus reichten. Enge Beziehungen lassen sich auch zu den Siedlungen Poliochni auf Lemnos und zu Thermos auf Lesbos nachweisen. Um 2600 konnte aufgrund des Wohlstands der Stadt der Burgberg umgestaltet und ausgebaut werden.

2.2 Troia II

Die neue, auf dem Burgberg entstandene Siedlung zeigt eine planmäßige Erweiterung der Befestigungsanlage mit umfangreichen Terrassierungen, Vergrößerung der Megaronbauten und die Errichtung einer mächtigeren Umfassungsmauer mit Rampen sowie starken Bastionen auf der Oberstadt. All dies belegt eine Blüte, die nicht zuletzt auf dem wirtschaftlichen Erfolg der Stadt Troia zurückzuführen ist, sodass neben der Burg selbst nun auch die vor den Burgmauern liegende Unterstadt befestigt wurde, die eine stark gestiegene Bevölkerung aufnehmen musste. Letztere umfasste neben Handwerkern und Händlern wohl auch Priester und Verwaltungsbeamte, die zur Aufrechterhaltung einer solchen stark strukturierten, hierarchischen Gesellschaft notwendig waren.

Beschreibung von Troia II[33]

Im Südwesten der Burg führte eine steile, mit Steinplatten gepflasterte Rampe zum über acht Meter hohen und vier Meter dicken Mauer-

---

33 Die Beschreibungen der Burgen von Troia II und (weiter unten) Troia VI basieren auf den komprimierten Darstellungen in Brandau u. a. 2004.

> ring, wo eine Torhalle, geschützt von einer Bastion, den Zugang gewährte und den Blick ins Innere der Burg freigab. Im Süden existierte eine noch größere Torhalle, gefolgt von geschlossenen Kolonaden und einer kleineren Toranlage, dem sog. Propylon, durch welches man den inneren Vorhof der Burg betrat, hinter dem sich die repräsentativen Großbauten von Troia II befanden. Fünf dieser megaronartigen Großbauten standen dicht nebeneinander auf dem Burgplateau, von denen das mittlere 14 x 35 Meter maß und über eine Vorhalle sowie einen Zentralraum mit Feuerstelle verfügte. Da die Zwischenräume zwischen den fünf Gebäuden durch Mauern verbaut waren, erweckte die gesamte Anlage den Eindruck eines einzigen gewaltigen Zentralbaus.

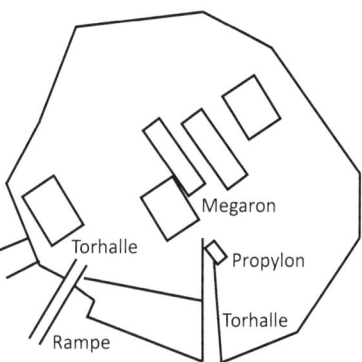

Abb. 5 Plan von Troia II

Eine reiche Oberschicht, deren Wohlstand sich in allen Lebensbereichen manifestierte, unterhielt weitreichende Fernbeziehungen und widmete sich, wie die zahlreichen Waffen bezeugen, dem Kriegshandwerk. Troia II tat sich besonders hervor in der Herstellung qualitätvoller Waffen und der Fertigung hochwertiger, dünnwandiger Keramik, die nun auf der Töpferscheibe hergestellt wurde. Ähnliche handwerkliche Fertigkeiten entwickelten die Goldschmiedekunst und generell die Produktion von Schmuck und anderen Luxusgütern wie z. B. der von Schliemann so genannte »Schatz des Priamos«. Erstmalig wurde auch Pferdezucht betrieben. Der Handel der Stadt erreichte nun weit entfernte Gebiete wie den Karpatenraum, Anatolien, den Kaukasus, die Levanteküste, Syrien und Ägypten.

Abb. 6: Rampe von Troia II

Und doch wohnte hier die gleiche Bevölkerung wie schon in Troia I. Bei den Bewohnern von Troia II handelte es sich somit nicht um eine neu zugewanderte Gruppe, sondern vielmehr um die Oberschicht von Troia I. Dies erklärt auch, warum im Umland der Stadt die kulturellen Äußerungen von Troia II nicht zu finden sind, sondern hier die Charakteristika von Troia I weiter existierten. Um 2350 wurde die Stadt Troia II von einer Brandkatastrophe zerstört. Zahlreiche Funde vergrabener Schätze zeugen davon, dass nicht nur ein Brand Troia II heimgesucht hatte, sondern dass auch äußere Feinde – darauf deutet das Fehlen ›fremder‹ archäologischer Hinterlassenschaften hin – aus der eigenen Bevölkerung den Besitz der Wohlhabenden geplündert hatten, was als Anzeichen sozialer Unruhen gewertet werden kann.

2.3 Troia III

Nach dem Brand wurde die Stadt von ihren Bewohnern wieder aufgebaut, allerdings unregelmäßiger und zum Teil unter Sekundärverwendung der Stadtmauer (d. h. der Wiederverwendung einiger Mauerteile), die zu einem großen Teil beibehalten wurde. An die Stelle der großen Megaronbauten traten nun einfacher gebaute Häuser mit mehreren Wohneinheiten. Es gibt keinerlei Hinweise mehr auf eine reiche Oberschicht. Zwar ist die Stadt kein ärmlicher Ort, doch waren die Lebensbedingungen deutlich härter geworden, wie unter anderem die häufige Ernährung durch Jagdbeute bezeugt. Troia III ist somit ein direkter Nachfolger von Troia I, d. h. es lebte hier die gleiche Bevölkerung ohne die Oberschicht von Troia II und es gab keine archäologisch (etwa durch neue Keramik) nachweisbare Zuwanderung

wurde allerdings um 2200 abermals durch einen Brand zerstört und von den Bewohnern weitgehend verlassen. Ob diese neuerliche Katastrophe durch Erdbeben verursacht wurde oder aber mit der sog. »Luwischen Wanderung« in Zusammenhang zu sehen ist, der auch zahlreiche andere Siedlungen Kleinasiens zum Opfer fielen, kann nicht mit letzter Gewissheit entschieden werden.

2.4 Troia IV

Zuwanderer aus Anatolien, die wegen einer Klimaverschlechterung ihre Wohnsitze verlassen hatten und deren Herkunft aus ihrer archäologischen Hinterlassenschaft (Keramik, Hausbauweise, Gerätschafen) gesichert ist, gründeten in der Folge eine neue, ärmliche Siedlung dörflichen Charakters mit dicht aneinandergebauten Häusern. Zwar übernahmen die neuen Bewohner vieles von den Vorbewohnern, doch wird eine Verarmung in vielen Lebensbereichen, vor allem in Landwirtschaft und Gewerbe, sichtbar. Zahlreiche Zerstörungen zeugen zudem davon, dass äußere Feinde über längere Zeit das Leben in der Siedlung verunsicherten.

2.5 Troia V

Ab 1900 beruhigten sich die Verhältnisse wieder. Troia V bestand aus größeren, besser gebauten Häusern, dehnte sich weiter aus und erhielt erneut eine Befestigung. Ein genereller Aufschwung in Landwirtschaft und Gewerbe schlug sich auch in der Ernährung (Stichwort: weniger Wildtiere), im florierenden Handel mit Kreta und den Kykladen, vor allem aber auch in der hohen Qualität der (dünnwandigen) Keramik nieder. Um 1750 wurde diese sich durchaus im Aufschwung befindliche Stadt ohne ersichtliche Ursache – es können keinerlei Brände, Zerstörungen oder Erdbebenspuren nachgewiesen werden – verlassen und blieb für etwa 50 Jahre unbesiedelt. Möglicherweise bestand der Grund im Ausbruch von verheerenden Seuchen, z. B. von Malaria – beweisen lässt sich die Vermutung jedoch nicht.

2.6 Troia VI

Ab 1700 kamen erneut Zuwanderer aus dem Osten, Luwier, welche den gesamten Süden und Westen Kleinasiens besiedelten und auch die Troas erreichten. Sie ebneten die noch vorhandenen Siedlungsreste von Troia V ein und legten die Stadt völlig neu an. Durch die Lage der Stadt an den Dardanellen, wo Schiffe aufgrund von Strömung und Winden gezwungen waren, anzulegen und auf geeignete Verhältnisse zu warten, erfuhr der Handel einen enormen Aufschwung. Er wurde zudem durch die Anlage kretischer Stützpunkte an der kleinasiatischen

Westküste gefördert. Troia wurde daher zu einem florierenden Umschlagplatz für Waren, die aus der Ägäis ins Gebiet des Marmarameeres befördert werden sollten, sowie für Güter aus dem Inneren Kleinasiens, die in den Balkanraum oder die Ägäis (Kreta, griechisches Festland) weiterverhandelt wurden. Die Troianer profitierten jedoch nicht nur von der Weitergabe von Handelsgütern, wie Bernstein, Kupfer, Gold, Textilien, Öle und Hölzer sowie Keramik oder sogar Lapislazuli (vor allem aus Afghanistan), sondern verarbeiteten die Rohstoffe auch selbst weiter.

Die Burg Troias wurde mit einem Mauerring umgeben, der nicht nur wesentlich dicker, höher und umfangreicher war als der von Troia II, sondern auch und vor allem einem völlig neuen Grundriss folgte.[34] Diese Mauer wurde im Laufe der Zeit dreimal erneuert, dem technischen Fortschritt entsprechend vergrößert und verbessert. Die Verbesserungen bestanden vor allem darin, dass die Mauern verhältnismäßig erdbebensicherer wurden. Mächtige Bastionen, hohe Türme, Rampen sowie vier stark gesicherte Tore erhöhten den wehrhaften Charakter der Burg. Im Inneren der Burg standen auf mehreren Terrassen Paläste, die durch breite Straßen miteinander verbunden und auf die Außenmauer und deren Tore hin orientiert waren; die gesamte Anlage vermittelt den Eindruck eines recht genauen Plankonzeptes.

Beschreibung von Troia VI

Im Süden der Anlage von Troia VI befand sich das mehr als drei Meter breite Haupttor der Burg, durch das eine mit großen Steinplatten gepflasterte Straße ins Innere der Burg führte. Die über fünf Meter starke Mauer wurde im Torbereich durch eine Bastion und einen allerdings erst um 1300 errichteten gewaltigen Turm geschützt, vor dem vier große Kalksteinpfeiler standen. Auf der rechten Seite des

---

34 Die Ergebnisse der jüngeren Ausgrabungen von Korfmann (Universität Tübingen) und Rose (University of Cincinnati) werden in der Reihe Studia Troica (1991 ff.) publiziert, auf denen auch die hier vorliegende Darstellung beruht.

Tores stand ein Gebäude aus Lehmziegeln, das der Abhaltung von Brandopfern gedient hatte.

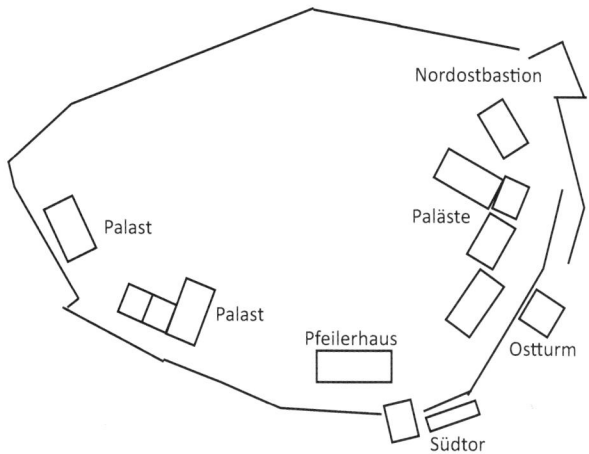

Abb. 7 Plan von Troia VI

An der Ostflanke der Burg war die Mauer in der Sägezahntechnik besonders massiv, wobei der Zugang durch ein Tor, das als Zwingertor angelegt war, ermöglicht wurde. Dieser durch ein fünf Meter langes, die eigentliche Mauer begleitendes Mauerstück gebildete und, wie die Mauer selbst, mit Wehrgängen versehene Zwinger machte eine Annäherung für einen Angreifer extrem gefährlich und den etwaigen Einsatz eines Rammbocks sogar unmöglich, wodurch dieses Osttor beinahe uneinnehmbar wurde. Um 1300 wurde diese Seite der Burg zusätzlich durch die Errichtung eines mächtigen, mehr als zehn Meter breiten und ebenso hohen Turmes 30 Meter vor dem Zwinger verstärkt, wobei der Turm nicht in den Mauerzug integriert sondern später an diesen angebaut wurde.

An der Stelle, an der die Ostmauer zur Nordmauer umbiegt, findet sich eines der imposantesten Verteidigungswerke der Anlage: die

Nordostbastion. Diese umschließt einen Brunnen, der die Wasserversorgung gewährleistete, springt fast 20 Meter weit vor die Mauer und sichert so die Nord- und die Ostmauer der Burg. Einschließlich des auf dem geböschten Steinsockel aufliegenden Lehmziegelaufbaus ragte diese Bastion wie ein Turm an die 13 Meter in die Höhe.

Innerhalb des Burgmauerrings lag im Süden unmittelbar nach der Haupttoranlage das sog. Pfeilerhaus. Seinen Namen bezieht dieser große Bau (27 x 13 Meter) von zwei Steinpfeilern (mit quadratischem Grundriss) im Inneren des Hauses, deren Bauart an hethitische Vorbilder erinnert. Von diesen Säulen wird die ausladende Decke des großen Saales getragen. In diesem Gebäude wurden neben vielen Webgewichten und Spinnwirteln auch Mengen von Schleuderkugeln gefunden, was den Verdacht nahelegt, dass dieses Gebäude neben rein wirtschaftlichen Zwecken auch militärische Funktion hatte und als Arsenal für die Verteidigung des Südtores diente.

Die übrigen Großbauten der Burg werden gewöhnlich als Paläste (unterschiedlicher Größe) gedeutet bzw. bezeichnet. Der größte dieser Bauten (27 Meter) befindet sich parallel zur Südmauer und ist aus großen behauenen Steinblöcken mit Lehmziegelaufbau errichtet. Er besteht aus zwei Gebäudeteilen: einem großen, länglichen Saal im Osten, in dem mehrere Vorratsgefäße standen, sowie zwei kleineren Räumen im Süden. Das Gebäude diente im Untergeschoß offenbar als Wirtschafts- und Magazintrakt, während im Obergeschoß Wohnräume gelegen haben werden.

Nordwestlich von diesem Gebäudekomplex lag ebenfalls unmittelbar an der Ringmauer an prominenter Stelle (am höchsten Punkt der unteren Terrasse) ein Megaronbau mit einer von zwei Säulen gestützten Vorhalle. Eine Rampe führte von diesem Gebäude hinab auf einen größeren Platz. Es handelte sich hierbei entweder um einen hochherrschaftlichen Wohnsitz – wofür die bauliche Ähnlichkeit mit dem Hauptmegaron von Troia II spricht – oder aber um einen Bau, der kultischen Zwecken diente.

Schließlich seien noch zwei Gebäude nahe der Ostmauer erwähnt. Von dieser durch einen länglichen Platz getrennt standen zwei kleinere »Paläste«, die zwar nicht durch ihre Größe, sehr wohl aber durch ihren Reichtum hervorstechen. Selbiger manifestierte sich sowohl in der exklusiven Gestaltung der Fassade als auch im wertvollen Inventar. Der größere der beiden »Paläste« von Troia VI bestand ursprünglich aus einem einzigen Raum, der durch Säulen in einen dreischiffigen Komplex gestaltet wurde.

Abb. 8: Mauer von Troia VI

Neben der Neugestaltung der Oberstadt kam es auch zu einem weiträumigen Ausbau der Unterstadt mit Befestigungen, die nun mit zwei Felsgräben gesichert wurde und breite Straßen und Plätze aufwies. In der Unterstadt entstanden zahlreiche Handwerkerviertel (Töpfer, Weber, Färber, Schneider, Leder- und Metallarbeiter etc.), die von florierenden Gewerbebetrieben und daraus resultierend von zunehmenden Wohlstand Zeugnis ablegen. Von besonderer Bedeutung waren die Betriebe, die Kriegsgerät, wie Waffen und Streitwagen, herstellten, wobei letztere mit der großen Bedeutung der Pferdezucht korrespondierten. Neben den Handwerkern und Händlern lassen sich Priester, Verwaltungsbeamte, Ärzte, Schreiber und Angehörige des Heeres nachweisen. Außerhalb der Stadt existierte ein ausgedehntes Verteidigungssystem mit Festungen und Wachposten zur Kontrolle und zum Schutz des Umlandes und der Verkehrswege. In der gesamten Troas entstanden zudem neue Siedlungen und Hafenanlagen. Diese gewährleisteten nicht nur den Handel, sondern versorgten die Stadt zudem mit landwirtschaftlichen Gütern und betrieben die Zucht von Nutztieren, vor allem von Pferden.

Politisch wurde Troia die bestimmende Macht in Nordwest-Kleinasien und spielte nun auch in der Diplomatie der Ägypter, Hethiter und Mykener eine bedeutende Rolle.[35] Auch scheint die Stadt in den langdauernden Streit zwischen Hethitern und deren westlichen Nachbarn verwickelt gewesen zu sein.

2.7 Troia VII A

Um 1300 wurden weite Teile von Troia VI durch Erdbeben und Brände zerstört. Allerdings wurde die Stadt nicht verlassen. Vielmehr erfolgte ein sofortiger Wiederaufbau durch die alten Bewohner unter teilweiser Verwendung des eingestürzten Baumaterials, der restliche Schutt wurde planiert. Die großen Gebäude wurden jedoch nicht wieder aufgestellt, sondern durch eine dichte, kleinräumige Verbauung ersetzt. Die Gebäude der Burg waren wesentlich kleiner und einfacher, als Baumaterial wurden vornehmlich Lehmziegel anstelle von Steinen verwendet. Das heißt, die materielle Kultur der Bewohner veränderte sich (lediglich) in bestimmten Bereichen, während andere, wie etwa die Keramik, weitgehend unverändert – wenn auch etwas einfacher und von geringerer Qualität – beibehalten wurden.[36] In der Burg wohnte – worauf man aufgrund des gefundenen Inventars schließen kann – nun wohl keine soziale Elite mehr, sondern die einfache Bevölkerung, die zuvor nur in der Unterstadt gelebt hatte. Unterstadt und Burg blieben befestigt. Möglicherweise hatten nach den Erdbeben und Brandkatastrophen soziale

---

35 Hertel 2001, 52 f.
36 Moutnjoy 1997, 275–294.

Unruhen einen Teil der herrschenden Schicht der Stadt beseitigt oder vertrieben, deren geringe Reste nun zusammen mit neuen Machthabern aus ehemals unteren Schichten die Herrschaft ausübten.[37] Diese Hypothese steht freilich im Gegensatz zur Meinung einiger Forscher, die keine wesentliche Verarmung der Bevölkerung und somit auch keine Änderung in der Herrschaft und in den sozialen Verhältnissen zu erkennen meinen.[38] Deutlich zu erkennen ist an den Befunden, dass die politische Bedeutung Troias massiv gelitten hatte. Nach 1200 wurde Troia VII A durch eine wesentlich größere Brandkatastrophe zerstört. Der archäologische Befund mag zwar auf eine Zerstörung im Zuge kriegerischer Ereignisse hindeuten (Skelettfunde, Waffenreste), kann aber auch als Folge von Erdbeben und Bränden interpretiert werden, sodass die Ursachen für die Zerstörung von Troia VII A weiter diskutiert werden.

2.8 Troia VII B

Die Stadt wurde bald in (primitiverer) Form wieder aufgebaut, jedoch nicht von den alten Bewohnern, sondern von Gruppen, die, wie man aus der archäologischen. Hinterlassenschaft, v. a. der Keramik schließen kann, aus dem thrakischen Raum stammten, sich hier niederließen und eine neue Siedlung gründeten.[39] Unklar an diesem Befund bleibt, ob die neuen Bewohner auch mit der Zerstörung von Troia VII A zu tun hatten, oder lediglich den weitgehend verlassenen Siedlungsplatz neu besiedelten.[40] Hiermit endete die ca. 2000 Jahre währende bronzezeitliche Besiedlung Troias, dessen Platz jedoch auch im 1. Jahrtausend (nunmehr von Griechen) bewohnt wurde.

---

37 Hertel 2001, 67 f.
38 Brandau u. a. 2004, 94–96.
39 Koppenhöfer 1997, 295–354.
40 Moutnjoy 1997, 275–294 und Mountjoy 1999, 253–293 und 295–346.

3 Zypern

Periodisierung

Akeramisches Neolithikum (9. bis 6. Jahrtausend)
Keramisches Neolithikum (5. bis Anfang 4. Jahrtausend)
Chalkolithikum (um 3900 bis 2500)
Bronzezeit (2500–1200/1100)

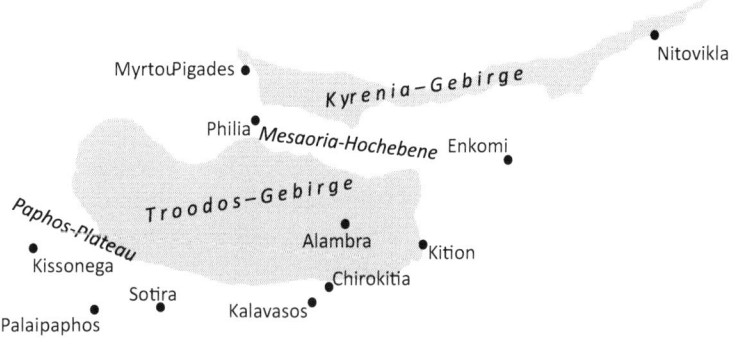

Abb. 9: Zypern im Neolithikum und der Bronzezeit

Die Behandlung von Zypern im Rahmen der Kulturen der Ägäischen Frühzeit bedarf einer Erklärung, denn Zypern wird weder geographisch noch kulturell im engeren Sinne zur Ägäis gezählt.[41] Die Insel liegt gleichsam in der ›Ecke‹ zwischen Kleinasien und der syrischen Küste am Rande der ägäischen Welt. Kulturell wurde Zypern von Anatolien und der Levante genauso beeinflusst, wie von den ägäischen Kulturen, von Kreta oder dem griechischen Festland.[42] Wenn Zypern dennoch behandelt wird, so liegt dies daran, dass die Insel spätestens in der Späten Bronzezeit dem ägäischen Kulturraum angehört hat und in vielen Regionen ein Kolonisationsgebiet der Mykener und somit Bestandteil der mykenischen Koine geworden ist und dadurch in den Bereich einer der Kulturen des Ägäisraumes einbezogen wurde.

Zypern ist die viertgrößte Insel des Mittelmeers und weist vier landschaftlich recht unterschiedliche Regionen auf: Im Zentrum der Insel liegt das hohe Troodos-Massiv, in dem zahlreiche Kupfervorkommen vorhanden sind. Den Großteil des Nordrandes Zyperns bildet das schroffe Kyreniagebirge. Zwischen diesen beiden Gebirgszügen liegt die Mesaoria-Hochebene, die – nach Ausweis der pollenanalytischen Untersuchungen – in der Bronzezeit von dichten Wäldern bedeckt war. Für menschliche Ansiedelungen war der stellenweise ungemein schmale Küstenstreifen besonders geeignet, der allerdings im Westen zum in der Bronzezeit schwer zugänglichen Paphosplateau ansteigt.

3.1 Akeramisches Neolithikum (9. bis 6. Jahrtausend)

Für das 9. Jahrtausend lassen sich auf Zypern die ersten Siedlungen nachweisen, die sich jedoch auf den Küstenstreifen beschränkten. Die Siedler kamen – ihren Artefakten nach zu schließen – offenbar aus Kleinasien, ihre Dörfer entwickelten sich jedoch unterschiedlich von denen im Ursprungsgebiet. Die Siedlungen lagen an guten Häfen und

---

41 Als instruktivste und – bei aller gebotenen Kürze – genaueste Kurzdarstellung der Prähistorie Zypern sei hier Steel 2004 genannt, sowie etwas jünger ebenfalls von Steel 2012, 804–819.
42 Eine Zusammenfassung der Entwicklung Zyperns in der Prähistorie findet sich bei Knapp 1994, 271–303.

3 Zypern

kontrollierten die Wege ins Inland. Dennoch bestanden wohl wenig Beziehungen zur Außenwelt, vor allem kaum maritime Kontakte. Die Dörfer waren meist mit einem Verteidigungswall umgeben und bestanden aus für die gesamte Epoche charakteristischen Rundbauten mit Flachdächern. Die wichtigsten dieser Ansiedelungen waren im Süden der Insel jedoch nicht unmittelbar an der Küste gelegen: Chirokitia[43] und Kalavasos.[44] Hinweise auf eine zentrale Kontrolle der Dörfer sind nur spärlich, jedoch scheinen Familien oder Sippen in besonderen Clustern von Rundhäusern innerhalb der Siedlungen gewohnt zu haben.

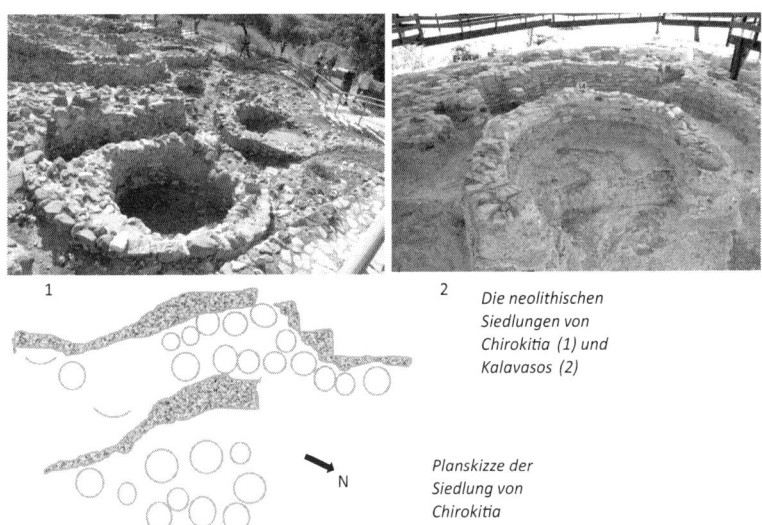

Die neolithischen Siedlungen von Chirokitia (1) und Kalavasos (2)

Planskizze der Siedlung von Chirokitia

Abb. 10: Siedlungsreste und Plan von Chirokitia; Kalavasos

Die Gräber aus dieser Zeit waren als Gruben innerhalb der Siedlungen angelegt. Die Skelette weisen teilweise Zeichen von Schädeldeformation auf. Diese sowie Tätowierungen könnten Zeichen der Zugehörigkeit zu einer bestimmten Gruppe gewesen sein. Die Bewohner der Siedlungen

---

43 Stanley-Price 1977, 66–81.
44 Todd 1987.

des zyprischen Akeramikums also dem Abschnitt des Neolithikums, in dem noch keine Keramik produziert wurde, lebten vornehmlich von Ackerbau und Viehzucht, während Jagd und Fischfang eine geringere Rolle spielten. Um 5000 verließen diese Menschen aus bislang nicht eruierbaren Gründen ihre Siedlungen, die 500 bis 1 000 Jahre lang nicht wieder bewohnt wurden.

3.2 Keramisches Neolithikum (5. bis Anfang 4. Jahrtausend)

Nach einer langen Unterbrechung in der Besiedelung im 5. Jahrtausend, die entweder auf eine Entvölkerung der Insel oder aber auf einen – archäologisch natürlich nicht beweisbaren – Rückzug der Menschen in unwirtlichere Teile Zyperns und einen damit verbundenen Rückfall auf Hirten- und Jägertum zurückzuführen ist, erscheint um 4000 die keramische Sotira-Kultur.[45] Sie tritt bereits mit voll entwickelten Keramikformen, also ohne erkennbare Entwicklungsstufen, auf, was vielleicht mit einer Zuwanderung von neuen Bevölkerungsgruppen zu erklären ist. Hiermit einhergehend zeigen sich einige Änderungen in der Siedlungsorganisation, den Architekturformen und den Begräbnissitten. Ob all dies auf eine nicht näher nachzuvollziehende innere Entwicklung oder aber auf die Immigration von Gruppen aus dem Osten (eventuell Syrien) zurückzuführen ist, bleibt in der Forschung umstritten.

Die Siedlungsmuster, die denen der akeramischen Zeit ähnlich und ebenfalls auf den Küstenstreifen beschränkt sind, zeigen in den Dörfern einen Bevölkerungsanstieg. Dabei wurden meist neue Orte geschaffen, aber auch ›alte‹ Dörfer, wie Chirokitia und Kalavasos, wiederbesiedelt. Trotz lokaler Keramikstile ist die Kultur generell auffallend homogen. Die Siedlungen waren durch Häuser, die sowohl in Bauweise (Rundbau) als auch in Größe sehr einheitlich sind und daher auf eine eher

---

45 Benannt nach dem Fundplatz Sotira im Südwesten Zyperns.

egaliṫäre Gesellschaft schließen lassen, gekennzeichnet. Eine Änderung in den Siedlungen ist lediglich dahingehend festzustellen, dass anfangs einzeln freistehende Häuser vorhanden waren, während später die Gebäude dicht gedrängt aneinandergebaut wurden. Wie im Akeramikum existieren keine öffentlichen Plätze, doch treten in der Spätphase ungewöhnlich große Bauten auf, die wohl gemeinschaftlichen Zwecken – zum Beispiel als Speicheranlagen – gedient haben.

Die Wirtschaft dieser Zeit besteht nach wie vor allem aus Ackerbau und Viehzucht, wobei vor allem Schafe und Ziegen gehalten wurden. Auffallend ist hingegen, dass nunmehr die Jagd und der Verzehr von Wild – ersichtlich aus den Abfallgruben – eine wesentlich größere Rolle gespielte haben als zuvor. Im ersten Viertel des 4. Jahrtausend endet das Neolithikum in Zypern mit einer weitgehenden Aufgabe der Siedlungsplätze für ein halbes Jahrtausend. Wie schon beim Parallelfall am Ende des Akeramikums ist dieses Faktum bislang nicht befriedigend erklärbar.

3.3 Chalkolithikum (um 3900 bis 2500)

Nachdem viele Siedlungsplätze für ein halbes Jahrtausend unbewohnt geblieben waren, entstanden dem Beginn der Kupfersteinzeit neue Orte mit, wobei sich ein verändertes Siedlungsmuster mit einer Konzentration im Südwesten der Insel zeigt.[46] Neu ist die allenthalben verbreitete Kupferbearbeitung, die einsetzende Bevorratung der Nahrungsmittel in Speicheranlagen, sowie Plätze, die offenbar öffentlichen Veranstaltungen wie etwa kultischen Festen dienten. Davon zeugen vermutlich auch die vielen gefundenen weiblichen Figurinen – eine kultische Äußerung, die in der vorangegangenen Epoche nahezu unbekannt war. Eine für das gesamte Chalkolithikum bedeutende Siedlung war Kis(s)onerga im

---

46 Zur Frage der gesellschaftlichen Veränderungen und Siedlungsverteilung in Zypern siehe Knapp 1997.

3.3 Chalkolithikum (um 3900 bis 2500)

Südwesten der Insel, von der allerdings, wie von den anderen Siedlungen auch, im frühen Chalkolithikum kaum architektonische Reste vorhanden sind.

Im mittleren Chalkolithikum (bis 2500), der Blütezeit dieser Kultur, treten neue Architekturformen und Grabsitten auf. Diese Zeit ist charakterisiert von einer deutlichen landwirtschaftlichen Produktionssteigerung, sowie der Anlage neuer großer unbefestigter Siedlungen, die hierarchisch organisiert und von einer mobilen Bevölkerung bewohnt waren. Dies zeigt sich an den offensichtlich stetigen Bevölkerungsbewegungen zwischen den einzelnen Dörfern. Von besonderer Bedeutung war hierbei die Erschließung der Ausläufer des Troodos-Gebirges, die vor allem der Ausbeutung der ertragsreichen Kupferminen dieses Gebietes diente.

Neu in der Architektur sind große Rundbauten, die in Sektoren für Wohnraum, Arbeitsraum und Speicher etc. mit einer zentralen Herdstelle eingeteilt waren. Unmittelbar an die Gebäude angrenzend waren die Gräber angelegt. Die bislang üblichen Gemeinschaftsspeicher fehlen nunmehr und sind einer ›privaten‹ Bevorratung in den einzelnen Bauten gewichen. An den Häusern selbst, d. h. an der Größe und Ausgestaltung (Malereireste) der Bauten, ist nun eine stärkere soziale Differenzierung
ablesbar. Dies kann als Kennzeichen einer ausgeprägteren Hierarchie in der Gesellschaft gewertet werden, die zudem stark zugenommen hatte. Auch finden sich in den Siedlungen »zeremonielle Areale«, die deutlich durch elaboriertere Gebäude, sowie durch eine Mauer als Abtrennung von den Häusern der übrigen Siedlung gekennzeichnet sind. Generell ist somit eine stärker geschlossene Gemeinschaft in den einzelnen Siedlungen festzustellen, die sich in aufwendigen Gemeinschaftsarbeiten und kommunalen, kultischen Festen – ablesbar am für den Kult verwendeten in großer Menge aufgefundenen (keramischen) Inventar – manifestierte.

Parallel dazu zeigt sich eine Tendenz zu kompetitivem Verhalten der jeweiligen Eliten in den Dörfern also dem Wettstreit und der Konkurrenz zwischen den einzelnen Familien, der sich auch auf dem wirtschaftlichen Bereich erstreckt. Die Wirtschaft ist geprägt quantitativen Anstieg der Produktionen, der Zucht neuer Haustiere (Schafe, Ziegen und Schweine) sowie dem gleichzeitigen Rückgang der Jagd als Subsidienwirtschaft.[47] In der Keramik prägten sich in Form und Dekor eigene Stile aus und die Metallurgie wurde in Abbau und Bearbeitung von Kupfer stark intensiviert.

Die Gräber, an denen sichtbar Rituale vollzogen wurden, befanden sich nun in Friedhöfen innerhalb der Siedlungen, in denen allerdings keine Kinder bestattet wurden. Die Toten wurden in gekauerter Lage bestattet und von Zeit zu Zeit, d. h. nach der Skelettierung, zur Seite geschoben, um Platz für eine Wiederbelegung zu schaffen. Dies deutet darauf hin, dass man sich den Toten nur eine bestimmte Zeit lang als im Grab ›wohnhaft‹ vorgestellt hat. In gewissem Zusammenhang mit den Gräbern stand offenbar ein Fruchtbarkeitskult, vielleicht als Ausdruck von »Sterben und Wiedergeburt« in der Natur. Sichtbarer Ausdruck dieses Fruchtbarkeitskultes und der damit verbundenen Geburtsrituale waren – oft sehr große – weibliche Figurinen, wie die von Lemba (nahe Kisonerga), wo auch ein eigenes Gebäude mit sakraler Funktion aufgrund entsprechender im Kult verwendeter Gegenstände nachweisbar ist. Auch waren in einigen Stätten Depots vorhanden, die dem Verwahren sakraler Gegenstände gedient haben. Da auch männliche Darstellungen im Zusammenhang mit den angesprochenen Fruchtbarkeits- und Geburtsritualen existieren, deutet dies vielleicht auf Vorstellungen, die denen der Couvade (»Männerkindbett«) verwandt waren.

Im späten Chalkolithikum fanden deutliche soziale, wirtschaftliche und kulturelle Veränderungen statt. Zum Teil sind diese aufzunehmenden Kontakte der sich bislang relativ isoliert entwickelnden Insel Zypern zur Außenwelt, vor allem zu Anatolien, zurückzuführen. Dies bedeutet jedoch nicht, dass neue Bevölkerungselemente auf die Insel gekommen wären, wie an einigen erstaunlichen Kontinuitäten, besonders der unveränderten Architektur, ablesbar ist.[48] Zu Beginn dieser Zeit existierten – in Fortsetzung der Vorgängerphase des Mittelchalkolithikums – in den Siedlungen Gebäude einer Elite, welche wohl die

---

47 Wirtschaftsform, welche die Haupterwerbszweige wie Landwirtschaft und Viehzucht ergänzte: z. B. Jagd und Sammeltätigkeit.
48 Gerade bei der sehr speziellen Bauart kyprischer Gebäude (Rundbauten) wäre eine neue Bevölkerung. wohl auch anhand der Häuser erkennbar.

Funktion von Speichern und Verteilungszentren der landwirtschaftlichen Produkte wahrgenommen haben. Ein typisches Beispiel hierfür ist das sog. Pithos-Haus in Kisonerga. Dies war die Residenz einer Elite, die über hervorstechenden Reichtum verfügte und die Kontrolle über den Einsatz vieler Arbeitskräfte des Dorfes hatte. Neben der Speicher- und Verteilungsfunktion des Gebäudes – erkennbar an der großen Zahl namensgebender Pithoi – wurden hier auch Erzeugnisse des Handwerks (vor allem aus Kupfer) und Prestigeobjekte aus Keramik und Schmuck gelagert. Der politische und wirtschaftliche Aufstieg dieser Elite wurde ermöglicht durch eine landwirtschaftliche Überproduktion vor allem von Olivenöl, die in den Handel fließen konnte, welchen wiederum jene sozialen Gruppen an der Spitze der Gesellschaft kontrollierten.

Am Ende des Spätchalkolithikums kam es zu weiträumigen Zerstörungen der Siedlungen, nach denen sich ein stark verändertes Bild zeigte. Es existierten keine, der gesamten Dorfgemeinschaft dienenden Bauten mehr und es gibt auch keine Anzeichen für Gemeinschaftsarbeiten, die von einer Elite geleitet und initiiert worden wären. Vielmehr war die Gesellschaft in kleine Gruppen von Haushalten zerfallen, die auch getrennte Areale in den einzelnen Siedlungen bewohnten. Deutlich sichtbar ist dies etwa am erwähnten Pithos-Haus von Kisonerga, das nach seiner Zerstörung durch ein viel kleineres Gebäude an seinem Platz ersetzt wurde.

Der Zerfall der Dorfgemeinschaften bedeutete auch das Ende der Blütezeit des Chalkolithikums auf Zypern. Radikale Veränderungen sind auch bei den Gräbern festzustellen. So wurden im Spätneolithikum die Toten in Kammergräbern bestattet, während nur mehr Kinder in Grubengräbern beigesetzt wurden. Die Grabausstattungen wie auch die zunehmend reicheren Beigaben zeugen deutlich von anatolischen Einflüssen auch auf diesem Gebiet. Ganz offensichtlich wurden die Gräber und Begräbnisse nunmehr zu Prestigeobjekten einer sich auseinanderentwickelnden Gesellschaft, deren Eliten sich im Wettstreit befanden. In der Keramik zeigt sich dagegen ein qualitativer Niedergang gegenüber dem Mittelchalkolithikum, begleitet vom Eindringen neuer Formen aus dem anatolischen Raum.

3 Zypern

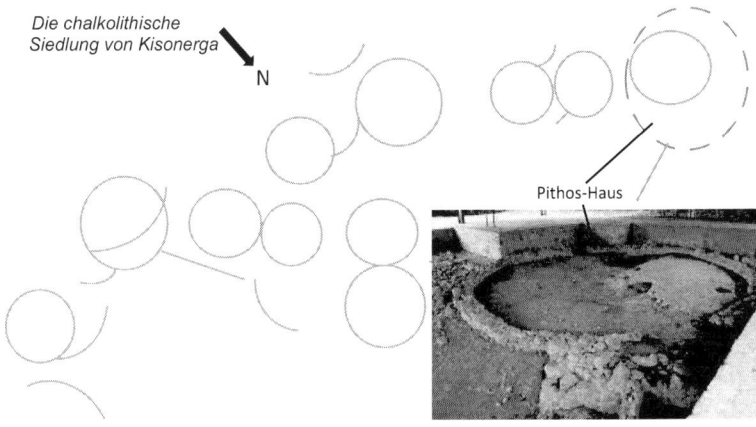

Die chalkolithische Siedlung von Kisonerga

Pithos-Haus

Abb. 11: Kisonerga

Insgesamt bedeutet das Spätchalkolithikum also ein Ende der Isolation Zyperns.[49] Während zu Beginn dieser Zeit noch Eliten die Außenkontakte und somit den Import (besonders aus Anatolien) kontrollierten, wie etwa am Pithos-Haus und dessen Inventar zu sehen ist, weiteten sich später die Außenkontakte auf breitere Schichten der Bevölkerung aus. Insgesamt ist die Entwicklung im Spätchalkolithikum mit den Schlagworten ›Anstieg der Bevölkerung‹, ›Erhöhung der Produktion‹, ›Ausbeutung der Ressourcen‹ (Kupfer), ›soziale Differenzierung‹ und ›Intensivierung der Kontakte nach Außen‹, besonders zu Anatolien, zusammenzufassen.

---

49 Diesen Aspekt thematisiert Peltenburg 1996, 17–43.

3.4 Bronzezeit (2500–1200/1100)

Phasen der Bronzezeit:

Die Philia-Phase (2500–2350)
Die frühe Bronzezeit (2350–2000)
Die mittlere Bronzezeit (2000–1700)
Die Übergangsphase der mittleren zur späten Bronzezeit (1700–1450)
Und – deutlich von den anderen Phasen geschieden – die Spätbronzezeit (1450–1200/1100).

Am Beginn der Bronzezeit Zyperns steht die nach einem Fundort in Nordzypern benannte Philia-Phase, die vor allem im Süden und Westen sowie der Mitte der Insel ihre Spuren hinterlassen hat.[50] Es zeigt sich eine allmähliche Verschiebung der Besiedelung Zyperns von Westen ins Zentrum der Insel, was mit der Lage der Kupferabbaugebiete in diesem Teil zusammenhängt, zumal auch die ›neuen‹ Siedlungen alle in der Nähe der Kupferminen gelegen sind. Bedingt ist dies durch neue Technologien der Kupferbearbeitung, die von Anatolien beeinflusst waren. Dieser Einfluss macht sich auch in der Keramik und der Schmuckherstellung, vor allem aber im Hausbau bemerkbar. Neben den traditionellen Rundbauten traten nämlich nun auch Rechteckbauten auf, wie sie etwa aus Tarsos an der kleinasiatischen Südküste bekannt sind. Parallel zum vermehrten Kupferabbau ist als wesentlichste Errungenschaft in der frühen Bronzezeit die Übernahme von Equiden (Eseln) und Rindern auf der Insel zu bezeichnen. Diese ermöglichten nämlich eine Ausweitung und viel intensivere Bearbeitung des Ackerbodens mit dem tiefergehenden Pflug, was zu einer deutlichen Ertragssteigerung führte. Da der Import dieser teuren Tiere jedoch nicht allen Bauern möglich war, förderten diese Kenntnisse und Errungenschaften das Entstehen neuer Eliten, die sich durch Reichtum und eine weitgehende Kontrolle der

---

50 Genauer hierzu Webb/Frankel 1999, 3–43.

Arbeitskräfte abhob. Insgesamt führten diese Neuerungen auch zu einem Bevölkerungswachstum, ablesbar besonders an den Siedlungsgründungen im Inland. Entscheidend für diese Veränderungen waren also die in der gesamtem frühen und mittleren Bronzezeit enger werdenden Kontakte zum anatolischen Raum, die sich zum einen im schon beschriebenen Technologietransfer (einschließlich der Einführung des Rindes), zum anderen aber in der Einwanderung anatolischer Bevölkerung niederschlug, welche ihre Spuren neben dem Hausbau besonders in der Herstellung von Schmuck und Kleidung verbunden mit erhöhter Kupferproduktion und Textilerzeugung hinterließen. Insgesamt zeigt die Wirtschaft dieser Zeit – resultierend aus all den genannten Veränderungen – die Abkehr von einer hauptsächlich bedarfsorientierten Wirtschaft hin zu einer ›Überproduktion‹ und der damit verbundenen Vorratshaltung und Exportmöglichkeit.[51]

Zusätzlich zur erwähnten Verlagerung bzw. Ausdehnung des Siedlungsgebietes an die Nordküste und die kupferträchtigen Abhänge des Troodos-Gebirges haben diese ›Kupferabbau-Orte‹ nun einen stark befestigten Charakter mit rechteckigen Bauten, in denen sich die Herde nicht mehr im Zentrum des Hauses, sondern in den Ecken befinden, wie in den Bauten im anatolischen Raum. Die handwerklichen Tätigkeiten – vor allem die Kupferbearbeitung – in diesen Siedlungen befanden sich jetzt *in* den Gebäuden und nicht mehr in gesonderten Arealen. Als deutliches Beispiel einer solchen Siedlung mag hier Alambra am Südabhang des Troodos dienen.

Auf dem Sektor der Begräbnisse entstanden nun als Neuerung große planmäßig angelegte Nekropolen, in denen die bislang vorherrschenden Schacht- und Grubengräber, also Einzelbestattungen, zugunsten von gemeinschaftlichen Bestattungen mit Wiederbelegung in Kammergräbern aufgegeben wurden. Die Herausbildung einer zentralen Kontrolle über die Begräbnisse sowie einzelne mit großem Aufwand gestaltete Gräber und Begräbniszeremonien zeugen von einer erstarkenden Elite und sind Hinweis auf eine gefolgschaftlich organisierte Gesellschaft, die sich auch in räumlich getrennten Arealen von Kriegergrä-

---

51 Einen Überblick zur bronzezeitlichen Wirtschaft Zyperns und deren Veränderungen bietet Knapp 1996, 71–106

bern manifestierte.⁵² Sozialgeschichtlich bezeugt dies die Entwicklung einer egalitären Gesellschaft hin zu einer von Eliten dominierten Bevölkerung, deren Oberschicht sich durch Feste, Rituale und Grabbauten abhob.⁵³ Machtbasis dieser Gruppe war die Kontrolle über den Kupferabbau und die Metallbearbeitung sowie den Einsatz besserer Methoden (von Rindern, die kräftiger sind als Esel, gezogener Pflug) in der Landwirtschaft. Neben den Gräbern zeugen auch die vermehrten Importe von Luxusgegenständen aus Ägypten und dem Nahen Osten von den gestiegenen Möglichkeiten und dem Repräsentationsbedürfnis dieser Oberschicht.

Zusammenfassend bedeutet die frühe und mittlere Bronzezeit auf Zypern das Ende einer viele Jahrhunderte währenden Isolation der Insel. Auf eine Kontaktaufnahme zu Anatolien in der Philia-Phase mit allen genannten Einflüssen aus diesem Gebiet folgte jedoch schnell wieder ein Rückfall in eine Art Abschottung, die sich vor allem in der Siedlungsverlagerung ins Inland und einem weitgehenden Fehlen von Importen manifestierte. Die stattgehabten sozialen und kulturellen Veränderungen, z. B. erkennbar an den nunmehr auftretenden szenischen Darstellungen bei Figurinengruppen und in der Vasenmalerei, blieben allerdings ebenso bestehen, wie die kommunalen Begräbnisrituale und die – in Darstellungen sichtbaren – Gemeinschaftsarbeiten, die jeweils von Gruppen der sozialen Oberschicht dominiert wurden. Am Ende der mittleren und dem Beginn der späten Bronzezeit zeigt sich schließlich nochmals ein Ende der Isolation und eine allmähliche Einbindung in das maritime Netzwerk zwischen Kleinasien, der Levante, Ägypten und dem Gebiet der Ägäis.

---

52 Umfassend zum Thema der Begräbnisrituale siehe Keswani 2004.
53 Einen umfassenden Überblick zur gesellschaftlichen Entwicklung im prähistorischen Zypern bietet Peltenburg (Hg), 1989.

3.5 Späte Bronzezeit

Am Ende der mittleren Bronzezeit, beziehungsweise am Übergang zur späten Bronzezeit gab es auf der gesamten Insel zahlreiche möglicherweise auf soziale Spannungen zurückzuführende Unruhen und Überfälle. Viele Dörfer wurden verlassen und die Existenz von Massengräbern zeugen ebenso wie die Anlage starker Befestigungen von umfangreichen gewalttätigen Konflikten. Dies führte zur Ausbildung lokaler Zentren und einer Regionalisierung auf Zypern. Dessen ungeachtet kam es bald zu einem starken Bevölkerungswachstum und der Erschließung neuer Siedlungsgebiete. Dies geschah offenbar unter der Führung von neuen, sehr hierarchisch strukturierten Eliten, die vor allem in den nunmehr ausgebildeten urbanen Komplexen an der Süd- und Südostküste Zyperns wirksam wurden. Hier erkennt man im 14. und 13. Jahrhundert durchgeführte monumentale Bauprogramme und das Entstehen lokaler Verteilungszentren, die sich auch durch ein wesentlich vergrößertes eigenständiges Keramikrepertoire auszeichneten.[54]

Insgesamt entstand nun ein wesentlich komplexeres und durch lokale Unterschiede gekennzeichnetes Siedlungsbild auf Zypern. So entwickelten sich zum einen (meist kleine) befestigte Orte mit besonderen Funktionen und Orte, die auf bestimmte Produktionen wie landwirtschaftliche Güter, Bergbautätigkeit oder Keramikherstellung oder Handel spezialisiert waren. Die befestigten Siedlungen zeugen von Konflikten auf der Insel und der Etablierung einer lokalen Oberschicht, welche die Lagerung und Verteilung der Produkte kontrollierte. Archäologisch nachweisbar sind diese lokalen Verteilungszentren an den in den ›Festungen‹ vorhandenen großen Speicheranlagen, wie etwa in Nitovikla im Nordosten Zyperns. Da diese befestigten Orte vornehmlich an den Routen der Kupfertransporte hin zur Küste lagen, steht zu vermuten, dass die Kontrolle über die Kupferrouten ein wesentlicher Grund für die Anlage dieser Siedlungen im Inland war.

Noch deutlicher wird die zentral von Eliten ausgeübte Kontrolle an den urbanen Zentren entlang der Küste. Diese beherrschen durch ein

---
54 Keswani 1996, 211–250.

3.5 Späte Bronzezeit

Netzwerk von Festungen nicht nur die Inlandswege, sondern verfügten auch über geeignete Häfen, von denen der ›internationale‹ Handel kontrolliert werden konnte. In dieser Zeit wurde Zypern nämlich nicht nur überregional wichtiger, sondern gewissermaßen der zentrale Umschlagplatz im Netzwerk des maritimen Handels zwischen Syrien, Kleinasien, Ägypten, der Levante und den Inseln der Ägäis (einschließlich Kretas). Ausschlaggebend für diese immens gesteigerte Bedeutung Zyperns war zweifelsohne die Ausfuhr der in dieser Zeit für alle Kulturen so wertvollen Bronze. Zeitgleich mit dem Entstehen der urbanen Zentren an der Küste, die nun wohl als »Städte« bezeichnet werden dürfen, erfolgt die Zerstörung vieler älterer Siedlungen als Resultat der Kämpfe der jeweiligen lokalen Eliten untereinander. Dadurch entwickelte sich eine klar definierte Kriegergesellschaft, die sich in den Gräbern aber auch in Darstellungen (vor allem auf Vasen) und durch den Import von Luxuswaren aus der Levante und Ägypten repräsentierte. Eine wesentliche Rolle spielte hierbei – sowohl in den Gräbern als auch in den bildlichen Darstellungen – das Pferd.

Im Siedlungswesen zeigt sich – wie schon erwähnt – eine deutliche Verlagerung des Schwerpunktes an die Küsten im Süden und Osten. Während im Norden und im Inneren Zyperns kleinere Ackerbausiedlungen und Orte vorherrschten, die (vornehmlich am Troodos-Gebirge) mit dem Abbau des Kupfers beschäftigt waren, entwickelten sich im Süden Städte, die allmählich nicht nur die Kontrolle über Handel und die Kupferrouten (mittels eines Systems von Festungen) ausübten sondern gleichsam als die gesamte Insel beeinflussend taxiert werden müssen. Solche Städte waren in erster Linie Palaipaphos und Kition und (etwas später) wohl auch Kalavasos vor allem aber die geplante Anlage von Enkomi.[55]

Diese urbanen Oberschichten der sich im 13. Jahrhundert immer stärker spezialisierenden Küstenorte, besonders die von Enkomi, nahmen eine Führungsrolle in Zypern ein, konnten aber nicht die Kontrolle über die gesamte Insel im Sinne einer Herrschaft ausüben. Vielmehr existierten mehrere lokale Verteilungszentren, von denen keines – auch nicht Enkomi – Zeichen einer überregionalen Verwaltung aufwies, son-

---

55 Courtois u. a. 1986, und Knapp 1996, 71–106.

dern nur eine sehr rudimentäre Bürokratie, die am Vorhandensein von Siegeln ablesbar ist. Unbestreitbar ist dennoch die bedeutende, über die von anderen Städten hinausgehende Rolle von Enkomi, die wohl hauptsächlich auf der Kontrolle des Abbaus und der Transportwege des Kupfers bis weit ins Inland beruhte.⁵⁶

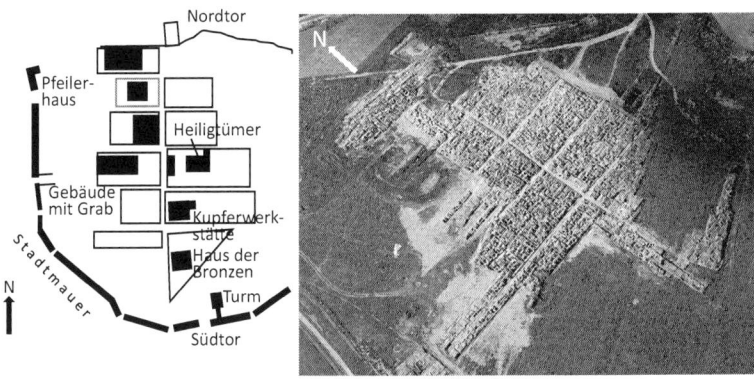

Abb. 12: Plan und Luftbild von Enkomi (Planskizze und Luftbild)

Die Wirtschaft in der späten Bronzezeit Zyperns beruht verstärkt auf dem intensivierten Abbau von Mineralien, vor allem aber von Kupfer. Dieser ging weit über den Eigenbedarf hinaus und war großteils für den Handel bestimmt. Kupfer wurde besonders in Form von Barren, die an Ochsenhäute erinnern, von der Insel exportiert, wie die noch erhaltenen Ladungen der bronzezeitlichen Schiffswracks vom Kap Gelydonia und Uluburun an der Südküste Kleinasiens sowie von Iria in der Argolis bezeugen.⁵⁷ Besonders intensiv war auch die Nutzung der Holzvorkommen der Insel, die für den Export aber auch für den Bau von Schiffen genutzt wurden. Es etablierte sich eine enge wirtschaftliche Verbindung der Bergbauregionen der Insel mit den landwirtschaftlich genutzten Hochebenen sowie den urbanen auf den Handel konzentrierten Zentren an der Küste. Neben den großen Städten wie Enkomi

---

56 Crewe 2007.
57 Hierzu Pulak 1988, 1–37.

oder Kition etablierten sich auf bestimmte Produkte spezialisierte Orte wie Kalavasos, das sich – neben dem Kupferhandel – auffällig stark der Ölproduktion widmete.

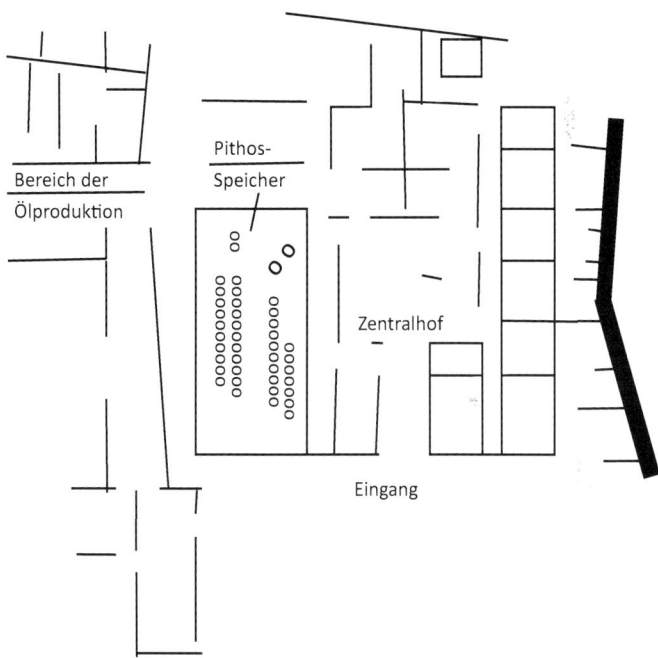

Abb. 13: Plan von Kalavasos (vgl. die kleinen minoischen Paläste)

Neben den großen Verteilungszentren existierten kleinere Subzentren, deren redistributive Funktionen stark an die des minoischen Wirtschafts- und Verwaltungssystems erinnern. Diese zentralisierte Wirtschaftsform hatte in Zypern um 1200 ihren Höhepunkt. Hohe Spezialisierung erreichte in den Städten vor allem das Handwerk, das neben Keramik und Textilien vor allem Kupfer- und Bronzewaren sowie Luxusgegenstände aller Art produzierte. All diese spezialisierten und zentralisierten Tätigkeiten wurden offenbar von einer sozialen und politisch führenden Oberschicht geleitet und kontrolliert, in deren Händen wohl auch großteils der Außenhandel Zyperns lag und die der Hauptabnehmer des Importes von Luxusgütern war. Es darf allerdings nicht vergessen werden, dass sich der ›Handel‹ mit Luxusgütern oft als Austausch von Geschenken zwischen den Angehörigen der Oberschicht in den jeweiligen Gebieten manifestierte. Die Integration Zyperns in die Handelsnetze des östlichen Mittelmeers begann verstärkt im 14. Jahrhundert, erreichte – auch in der Form diplomatischer Geschenke – Ägypten, das Hethiterreich und das mykenische Griechenland, das große Mengen an Keramik nach Zypern exportierte. Die handelskontakte Zyperns erreichten schließlich sogar das westliche Mittelmeer, vor allem die Inseln Sizilien und Sardinien.

Neben der politischen und wirtschaftlichen Führungsrolle etablierten sich die urbanen Siedlungen im Süden Zyperns auch als Zentren von Kult und Religion. Bei einem generellen Wandel in den Gemeinschaftsritualen entwickelte sich eine große Vielfalt an Heiligtümern, für die jedoch alle eine rechteckige Bauform mit umschlossenem Hof, Lagerräume und Altäre typisch waren. Solche Heiligtümer existierten bereits ab dem 15. Jahrhundert in vielen Orten, konzentrierten sich aber zunehmend in den großen Städten. Diese Heiligtümer besaßen Schatzhäuser und wiesen (archäologisch belegbar) eine rege Opfertätigkeit auf. Trotz einer gewissen Konzentration in den urbanen Zentren existierten weiterhin zahlreiche lokale kultische Entitäten, die auch ihre Besonderheiten hinsichtlich der Kultbauten und Zeremonien hatten. Neben den Heiligtümern dienten auch die Gräber als Orte kultischer Zeremonien. Sie befanden sich oftmals in Höfen und an Straßen innerhalb der Siedlungen, wobei sich vor allem Kammer- und Tholosgräber als typische Grabformen etablierten. Erstere bestanden aus in den Felsen geschlagenen Grabkammern unterschiedlicher Größe, während Tholosgräber aus Steinen errichtete kuppelartige Räume aufweisen. Beide Grabformen unterschieden sich allerdings stark von ähnlichen Gräbern im mykenischen Griechenland und sind wohl nicht als Übernahme aus dem griechischen Festland anzusehen sondern als eigenständige Entwicklungen. Diese reich ausgestatteten Gräber ermöglichten mit ihren aufwendigen Begräbniszeremonien den Angehörigen der Oberschicht die Zurschaustellung des Reichtums und der Bedeutung der jeweiligen Familie und waren somit Bestandteil des Wettstreites der Eliten in den einzelnen Siedlungen.

3.6 Alasija

In den Tontafeln der Archive des Alten Orients findet sich zwischen dem 18. und dem 11. Jahrhundert immer wieder die Erwähnung eines Ortes namens Alasija. Die ältesten Nennungen stammen aus Babylon und Mari (Nordsyrien), doch wie auch bei späteren Erwähnungen in hethitischen und ägyptischen Texten (15. bis 12. Jahrhundert) wird Alasija nicht genauer lokalisiert. Aus den Quellen geht lediglich hervor, dass es sich um eine Insel (bzw. einen Ort auf einer Insel) handelte, die im östlichen Mittelmeer gelegen haben muss. Die Tatsache allerdings, dass Alasija meist mit Kupfer in Zusammenhang gebracht wurde und uns in den Quellen als Lieferant dieses Metalls begegnet, macht es sehr wahrscheinlich, dass es sich bei Alasija um die Insel Zypern beziehungsweise einen Ort auf Zypern gehandelt hat.

Spätestens ab dem 15. Jahrhundert war Alasija eingebunden in das wirtschaftliche und diplomatische Netzwerk der Anrainerstaaten des östlichen Mittelmeeres. Während jedoch einer der »Könige« von Alasija den Pharao als seinen »Bruder« anredete, sich also als gleichrangig ansah, und einen regen Geschenkeaustausch mit den verschiedenen Herrschern der Großreiche betrieb, musste ein anderer »König« von Alasija in der ersten Hälfte des 15. Jahrhunderts Tribute – unter anderem in der Form von Kupfer – an Pharao Thutmossis III. abliefern. Er wurde also als Vasall angesehen und als ebensolcher wurde der Herrscher von Alasija von den Hethiterkönigen im 14. und 13. Jahrhundert betrachtet. Um 1189 schließlich wurde Alasija den Aufzeichnungen im Totentempel Ramses III. in Medinet Habu zufolge von »Seevölkern« angegriffen und geplündert. Im ägyptischen Wenamun-Text aus dem 11. Jahrhundert allerdings wurde Alasija wieder als blühendes Gebiet erwähnt.

Alasija, war wohl ein urbanes Zentrum, das den Abbau und die Transportwege von Kupfer kontrollierte, über einen Hafen und eine Flotte verfügte und in den ›internationalen‹ Handel und den diplomatischen Verkehr eingebunden war, wie an der Amarna-Korrespondenz ablesbar ist. Es hatte Beziehungen zu den Großmächten der späten Bronzezeit, besonders enge Kontakte bestanden offenbar ab dem 15. Jahrhundert zur Stadt Ugarit an der nordsyrischen Küste. Dieses

Bild korrespondiert mit der archäologischen Evidenz, der zufolge Zypern in dieser Zeit allenthalben aus seiner Isolation ›ausbrach‹ und mannigfache Kontakte mit den Gebieten am östlichen Mittelmeer von Ägypten bis zum Hethiterreich pflegte. Ein Problem besteht allerdings in der genauen Verortung von Alasija. Da Zypern niemals eine politisch geeinte Insel gewesen war, kann der »König« von Alasija auch niemals Herrscher der ganzen Insel gewesen sein, sondern lediglich von einem der voneinander unabhängigen größeren urbanen Zentren. Am ehesten kommt hier wohl der ›Stadtfürst‹ von Enkomi in Frage, der einen Gutteil des Kupferhandels zu kontrollieren in der Lage war und daher vielleicht von Ägyptern und Hethitern als »König« von Alasija bezeichnet wurde, eine andere Option wäre der Herrscher von Kalavasos wegen seiner größeren Nähe zu den Kupferminen der Insel. Angesicht der erst spät entwickelten Führungsrolle von Enkomi und Kalavasos, ist es möglich, dass sich die früheren Nennungen (18. und 17. Jahrhundert) auf andere urbane Zentren hindeuten. Für das ›Ausland‹ (Hethiter, wie Ägypter) konnte vermutlich jeder bedeutende Ort auf Zypern mit Alasija gemeint sein und der jeweils mächtigste Potentat auf der Insel als »König von Alasija« bezeichnet werden. Um 1200 wurden schließlich viele der Städte Zyperns, wie Enkomi, Kition oder Palaipaphos, mit stärkeren Befestigungen ausgestattet, was mit der im Tempel Ramses III erwähnten Bedrohung durch die »Seevölker« im Zusammenhang stehen könnte. Wie schon oben ausgeführt bedeutete der Überfall der Seevölker jedoch nicht das Ende, ja nicht einmal eine wesentliche Zäsur in der Kultur der Insel Zypern.

4 Kykladenkultur

> **Periodisierung**
>
> Neolithikum 5. und 4. Jahrtausend
> Frühkykladikum Grotta-Pelos-Phase 3100–2800, Keros-Syros-Phase 2800–2200, Phylakopi I-Phase 2200–1900
> Mittelkykladikum 1900–1600
> Spätkykladikum 1600–1250/1200

Die Kykladen nehmen eine verkehrstechnisch wichtige Position zwischen Kleinasien, Kreta und Griechenland ein und bildeten eine eigenständige, einerseits vom Festland, andererseits von Kreta unterschiedliche Kultur aus.[58] Die früheste Besiedelung im Kykladengebiet[59] findet sich in der ersten Hälfte des 5. Jahrtausends in Saliagros auf der Insel Antiparos, wo eine erste größere neolithische Siedlung entstand.[60] Als wirtschaftliche Grundlage diente neben ein wenig Ackerbau und Viehzucht wohl in erster Linie der Fischfang, besonders der von Thunfisch. Diese großen Tiere wurden vornehmlich mit Harpunen erlegt, die mit charakteristischen Obsidianspitzen versehen waren. Im 4. Jahrtausend erblühte die Siedlung von Kephala auf Keos, in der nun auch die Verarbeitung von Kupfer deutlich nachweisbar ist. Dokumentiert ist diese

---

58 Als Überblickswerke zur Kykladenkultur siehe Renfrew 1972; Davis/Cherry (Hgg.), 1979; MacGillivray/Barber (Hgg.), 1984. Zum Charakter dieser Kultur siehe Renfrew 1991.
59 Cherry 1990, 145–221.
60 Zu Ausdehnung und Charakter dieser frühen Siedlung siehe Evans/Renfrew 1968.

4 Kykladenkultur

Abb. 14: Die Kykladen in der Bronzezeit

Kultur vor allem durch eine Nekropole mit Gräbern, die für Mehrfachbestattungen errichtet worden war.[61] Im selben Kontext sind auch die zahlreichen neolithischen Funde der verwandten Kulturen von Grotta und in der Zas-Höhle (beide auf Naxos) zu nennen.[62] Am Ende des Neolithikums und gleichzeitig am Übergang zur frühen Bronzezeit steht die Siedlung von Strophilas, welche die früheste Befestigung eines Ortes auf den Kykladen aufweist und zudem Felsritzzeichnungen von

---

61 Coleman 1977.
62 Nach den Plätzen Saliagros, Kephala und Grotta sind auch die aufeinander folgenden neolithischen Kulturen der Kykladen benannt. Zur Periodisierung und Definition der einzelnen Phasen siehe Barber/MacGillivray 1980, 141–157. Vgl. auch Davies/Cherry (Hgg.), 1979.

langen geruderten Booten zeigt, die später vor allem für die Bronzezeit typisch wurden.

4.1 Das Frühkykladikum

Das Frühkykladikum wird in drei Phasen untergliedert, die wiederum in mehrere einender zuweilen überschneidende Kulturgruppen eingeteilt sind und lässt sich zudem auf allen Kykladeninseln anchweisen.[63] Trotz einer dichten Besiedelung existierten allerdings keine größeren urbanen Zentren, sondern nur kleine, unabhängige Siedlungen, die zum Meer orientiert waren:

1. (Grotta-)Pelos-Phase (3400–3000): Die meisten Siedlungen dieser Zeit (auf Melos, Paros. Naxos und Syros) waren unbefestigt, lagen an der Küste auf kleinen Hügeln und waren vornehmlich von Seefahrern und Fischern bewohnt. In dieser Zeit entstanden die ersten für das gesamte Frühkykladikum charakteristischen, stark schematisierten menschlichen Figuren aus Marmor. Gegen Ende dieser Phase sind zwar kriegerische Bedrohungen von außen feststellbar, ein wirklicher Bruch, der auf massive Veränderungen oder gar Zerstörungen zurückzuführen wäre, fand allerdings nicht statt.
   a. Kampos-Gruppe (3000–2800): Benannt nach einem Friedhof auf Paros ist diese Kultur-Gruppe bislang nur noch auf Amorgos und Kouphonisi nachweisbar. Die starke Ähnlichkeit des archäologischen Materials mit Funden aus dem Norden Kretas läßt vermuten, dass Siedler von den südlichen Kykladen zu dieser Zeit Nordkreta erreicht haben.
2. (Keros-)Syros-Phase (2800–2300): Diese ist auf den meisten größeren Kykladeninseln dokumentiert – am besten durch die Siedlungen von

---

63 Zu Fragen der Datierung und Periodisierung siehe Barber/MacGillivray 141–157.

Chalandriani auf Syros und Skarkos auf Ios – und zeigt einen deutlichen Anstieg der Bevölkerung. Die materielle Kultur – einschließlich der Kupferbearbeitung – erreichte in dieser Zeit einen Höhepunkt, der sich vor allem in der Keramik und den figürlichen Darstellungen niederschlug. Einflüsse dieser Kultur sind auf der Peloponnes sowie an der Westküste Kleinasiens und sogar in Anatolien erkennbar, so dass man vielleicht von einem »Internationalen Geist im südlichen Griechenland und der Ägäis« sprechen möchte.[64] Ab 2600 wurden viele dieser Siedlungen nicht weitergeführt sondern auf hohe, schwer erreichbare Hügel verlegt und befestigt. Sie bestanden aus dicht gedrängten Häusern, Mauern mit Türmen und Bastionen. Sie zeugen wohl von kriegerischen Auseinandersetzungen zwischen den Inseln aber auch von Einfällen von außerhalb, wohl in erster Linie aus Kreta. Begründet ist dies wohl durch den Umstand, dass die Bewohner der Kykladen mit ihren schnellen länglichen Schiffen nicht nur gute Seefahrer sondern auch gefährliche Piraten waren, die den minoischen See-Handel störten.[65] Zur Sicherung der Schifffahrtsrouten, das heißt Handelsrouten, durch die Inseln entsandte Kreta wohl Kriegsflotten gegen die Kykladen, was nun tatsächlich zu entscheidenden Veränderungen gegenüber der folgenden Phase (Phylakopi I) führte.

a. Kastri-Gruppe (2500–2200): Diese Gruppe, die vor allem im nördlichen Bereich der Kykladen (Syros, Kea, Amorgos) und auf Euboia anzutreffen ist, stellt eine deutliche Untergruppe der (Keros-)Syros-Phase dar und setzt diese sogar kurze Zeit lang fort. Von letzterer unterscheidet sie sich unter anderem durch das Auftreten neuer keramischer Formen und verbesserter Techniken in der Bronzeherstellung. Beides geht auf einen deutlichen Einfluss westkleinasiatischer Gebiete wie Troia und Liman Tepe (bei Izmir) zurück. Die meisten Siedlungen dieser Gruppe waren stark befestigt, wie beispielsweise die namengebende ›Festung‹ von Kastri auf Syros.

---

64 So Renfrew 2012, 89.
65 Broodbank 1989, 319–337.

3. Phylakopi I-Phase (2200–1900): Insgesamt ging in dieser Zeit die Zahl der meisten Siedlungen deutlich zurück, während die Größe und Bedeutung der namengebenden Anlage von Phylakopi anstieg. An der Küste wurden in dieser Phase unter minoischem Einfluss nur noch teilweise befestigte Siedlungen gegründet, die nun keine Piratenbasen mehr waren, sondern minoische Stützpunkte etwa in Phylakopi auf Melos oder auf Paros, deren ursprüngliche Bevölkerung abgewandert oder vertrieben worden war. Diese Stützpunkte dienten wohl dem Handel, vor allem aber sollten sie sichere Häfen und militärische Stützpunkte für die minoischen Handelsschiffe bieten.

Wirtschaft

Aufgrund des felsigen Charakters der Inseln war auf den Kykladen kaum Landwirtschaft möglich, allerdings ist speziell für die (Keros-)Syros-Phase Wein- und Olivenanbau auf einigen Inseln nachweisbar. Ebenso gab es wohl keine extensive Viehzucht und auch nur eingeschränkt Jagd. Der Fischfang war daher die wohl wichtigste Erwerbsquelle. Schon früh betrieben die Kykladenbewohner vermutlich auch den Seehandel und ebenso – damit verbunden – die Piraterie, wofür sie spezielle wendige Ruderschiffe entwickelt hatten. Schon seit dem Neolithikum wurde das Vulkanglas Obsidian aus Melos, welches einzig im Ostmittelmeer auf dieser Insel gebrochen wurde, nach Griechenland, Kreta und Troia exportiert.[66] Der – offenbar organisierte – Handel existierte in der Pelos-Phase nur zwischen den einzelnen Kykladeninseln, erreichte später – vor allem in der Kastri-Gruppe – jedoch nicht nur Kreta und das griechische Festland sondern auch Gebiete am Schwarzen Meer, den Raum Thrakiens an der unteren Donau, die Balearen, Ägypten, Anatolien und die Küsten der Adria.[67]

---

66 Zum Handel mit Obsidian siehe Torrence 1986.
67 Siehe Dickinson 1994, 239–241.

Gesellschaft

Die *Gesellschaft* auf den Kykladeninseln kannte zunächst keine deutliche Oberschicht – zumindest ist eine solche archäologisch, mangels der Existenz von »Herrenhäusern« oder ähnlichen Gebäuden, nicht nachweisbar. Organisiert war sie wohl durch lokale Häuptlinge, deren Reichtum sich lediglich in der Ausstattung der Gräber manifestierte.[68] Offenbar gab es auch keine Hauptstädte, sondern autonome Siedlungen, die jedoch einer sehr hohen kommunale Organisation durch die einzelnen Sippen einer Inseln unterlagen, die sich unter anderem in den bis zu 1,6 Meter starken Befestigungen manifestierte. Von besonderem Interesse ist hierbei der Umstand, dass es in der (Keros-) Syros-Phase offenbar vier Knotenpunkte des Austausches zwischen den Inseln gab: Syros, Naxos, Kea und Keros. Neben einer überdurchschnittlich zahlreichen Bevölkerung zeichneten sich diese Zentren der Kommunikation durch hoch entwickeltes Handwerk, intensiven Handel und Reichtum aus; letzterer schlug sich besonders in der hochwertigen Keramik dieser Orte nieder. Basis für all dies war, wie schon erwähnt, ein hoher Grad an administrativer Organisation und eine intensive (Handels-)Schifffahrt, wofür die Schiffsdarstellungen Zeugnis ablegen.[69]

Abb. 15: Kykladenschiff (schematische Darstellung)

---

68 Doumas 1977.
69 Hierzu im Speziellen und dem Frühkykladikum im Allgemeinen siehe Renfrew 2012, 83–95.

Architektur

Die Häuser in der Pelos-Phase waren nicht aus Stein, sondern Lehm gebaut, was auch einige Tonmodelle dieser Zeit belegen. Sie besaßen bestenfalls einen niedrigen Steinsockel, über dem die Lehmwände hochgezogen wurden. Ab der Syros-Phase findet man dann ein- bis zweiräumige Steinhäuser, die mit leichten Strohdächern gedeckt waren.[70] Besonders bemerkenswert sind jedoch die Befestigungsanlagen vor allem aus der Keros-Syros bzw. Kastri-Phase, die nicht nur starke Mauern sondern auch halbkreisförmige Bastionen sowie gesicherte Toranlagen aufwiesen. Solche Befestigungen existierten z. B. in Kastri auf Syros, auf Naxos, Paros sowie auf der höchsten Erhebung der Insel Delos, auf dem Kynthos. Die am besten untersuchte und dokumentierte Siedlung ist Kastri auf der Insel Syros, die namengebend für eine Phase des Kykladikums ist und nun kurz vorgestellt werden soll:

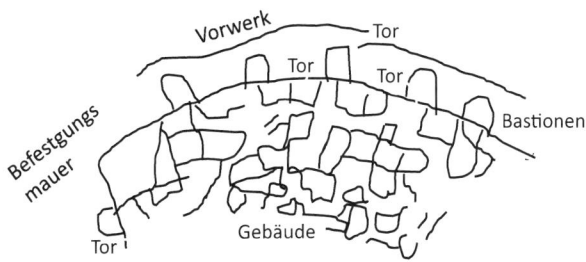

Abb. 16 Plan von Kastri

Beschreibung von Kastri

An der Nordküste von Syros auf einem steilen 165 Meter hohen Berg gelegen, der auf zwei Seiten von schwer zu überwindeten Schluchten begrenzt ist, kann die Siedlung von Kastri nur von Osten etwas leichter erreicht werden. Die frühkykladische Befestigungsanla-

---

70 Dickinson 1994, 59–64.

ge liegt etwa vierzig Meter unterhalb des Gipfels und besteht aus einer etwa 1,5 Meter starken Steinmauer aus Marmorblöcken, an welche ungleiche, hufeisenförmige Bastionen aus Steinplatten angefügt sind. Der gesamte Gipfel des Berges war offenbar von dieser Wehranlage umschlossen. Durch zwei (möglicherweise auch drei) Eingänge, von denen einer die Mauer durchbrach, der zweite durch eine der Bastionen führte, gelangte man in die Anlage. Diesem gesamten Befestigungswerk war im Abstand von ein bis zwei Metern eine etwas schwächere Mauer vorgelagert, die zusammen mit der eigentlichen Befestigungsmauer eine Art Zwinger bildete und die Bekämpfung eines Angreifers erleichterte. Diese vorgelagerte Mauer hatte nur einen Durchlass, der aus sich überschneidenden Mauerenden bestand und von einer der Bastionen überwacht werden konnte.

Im Inneren der Anlage befanden sich (Wohn-)Räume unterschiedlicher Größe und Form, von denen jeweils mehrere dicht aneinandergebaut waren. Die wenigen Einzelbauten könnten als Vorratsspeicher gedient haben. Zwischen den einzelnen Gebäuden befanden sich enge Straßen und kleine Höfe. Lediglich zwei Bauten unterscheiden sich vom Rest durch ihre Größe und Weiträumigkeit der Anlage, was auf eine gehobene soziale Stellung der Bewohner schließen läßt.

Abb. 17: Befestigte Höhensiedlung auf den Kykladen

Begräbnisstätten

Die *Friedhöfe* lagen stets außerhalb der Siedlungen wenn auch in deren unmittelbarer Nähe.[71] Bestattet wurde in der Pelos- und Syros-Phase in aus flachen Steinen gebildeten Steinkistengräbern, die in Trauben angeordnet waren, oder (seltener) auch in Gefäßen, wenn es sich bei den Bestatteten um Kinder handelte. Zunächst bestanden diese Bestattungen aus Einzelgräbern, später aber aus übereinander liegenden Mehrfachbestattungen sowie zuweilen auch aus Felskammergräbern (in Melos).[72] Die mit Beigaben aus Keramik oder Obsidian ausgestatteten Toten wurden zuweilen in Hockerlage gefesselt (!) und bestattet, was auf einen Glauben an ein Leben nach dem Tod und die Angst vor Wiedergängern, d.h. vor Toten, die aus ihren Gräbern steigen und die Lebenden heimsuchen. schließen lässt. Viele der Gräber zeugen von Wohlstand und Reichtum, so etwa die bei den Gräbern gefundenen Marmorstatuetten. Sie belegen gleichzeitig die kultische Bedeutung der Riten, die anlässlich der Begräbnisse, wie steinerne Plattformen bei den Gräbern nahelegen, aber auch außerhalb der eigentlichen Bestattung abgehalten wurden, was wiederum für einen ausgeprägten Ahnenkult spricht.[73]

Religion

Besonders ausgeprägt war wohl auch ein weiblicher Fruchtbarkeitskult, der sich sehr auffällig in der großen Produktion weiblicher flacher Steinplastiken aus Marmor mit vor dem Körper verschränkten Armen und deutlich akzentuierten Geschlechtsmerkmalen, der sog. Kykladenidole, niederschlug.[74] Zwar existierten daneben auch männliche Figurinen mannigfacher Art (z.B. der »Harfenspieler« oder der »Flötenspieler«), doch überwogen bei weitem die weiblichen Figuren.[75] Diese

---

71 Zusammenfassend zu diesem Thema siehe Doumas 1977.
72 Dickinson 1994, 210–212.
73 So Mee 2012, 278 f.
74 Dickinson 1994, 261 f.
75 Als Überblick zum Thema Kykladenidole siehe Getz-Preziosi, 1985 und Fitton 1989.

Statuetten, die ursprünglich mit kräftigen Farben bemalt waren, fanden sich sowohl in Gräbern als auch in den Siedlungen, sind also nicht als bloße Grabbeigaben zu werten, sondern spielten offenbar generell im Kult eine Rolle.[76]

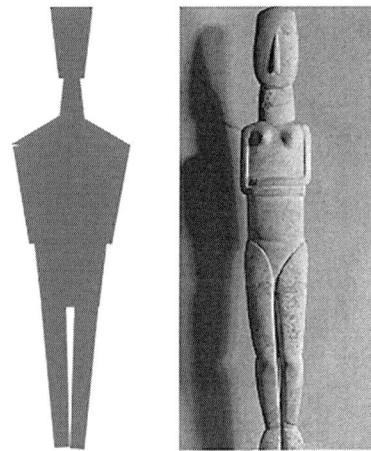

Abb. 18: Kykladenidol (schematische Darstellung und Beispiel aus der frühen Bronzezeit)

4.2 Das Mittelkykladikum

Das Mittelkykladikum (1900–1550) zeigt einen abrupten Übergang vom Frühkykladikum; alle Küsten-Siedlungen wurden vermutlich durch äußere Feinde zerstört, aber sofort wieder aufgebaut. Die Zerstörer ließen sich offenbar nicht auf den Inseln nieder. Neue, ziemlich große, genau geplante und organisierte Zentren (Melos, Paros, Keos, Thera) entstanden aufgrund der zunehmenden Bevölkerungskonzentration in einzel-

---

76 Tzonou-Herbst 2012, 210–222.

nen Siedlungen, ihre wirtschaftliche Basis bildete der Ackerbau und Handel. Vermutlich standen sie in Beziehungen zu Kreta und dem griechischen Festland. Diese Zentren waren stark befestigt und zeigen immer stärker werdende minoische und mittelhelladische Einflüsse, die sich sowohl in der Architektur als auch in der Keramik niederschlugen, in letzterer etwa als Mischung oder auch Nachahmung von grauminyischem Dekor und Kamaresstil.

Die für das Frühkykladikum typischen Kykladenidole verschwanden hingegen aus der archäologischen Hinterlassenschaft.[77]

Die Religion äußerte sich nun in gesonderten Heiligtümern weiblicher Gottheiten, die ebenfalls deutlich minoischen Einfluss zeigten. Die beigabenlosen Bestattungen befanden sich in oder nahe bei den Siedlungen, wobei Kinder meist in Gefäßen innerhalb der Siedlungen, die Erwachsenen hingegen außerhalb in Schacht- oder Kammergräbern bestattet wurden.

Die Kykladen standen also sowohl politisch als auch kulturell unter minoischem Einfluss, was allerdings nicht auf alle Inseln in gleichem Maße zutrifft.[78] Da die Inseln eine wichtige Station minoischer Händler auf ihrem Weg zum Festland waren, hatten sie vermutlich sowohl eine wirtschaftliche, d. h. handelspolitische, als auch eine kulturelle Mittlerrolle zwischen Kreta und Griechenland inne.

4.3 Das Spätkykladikum

Im Spätkykladikum (1550–1200) wurden die Inseln der Kykladen ab dem 16. Jahrhundert zunächst von Kreta und ab dem beginnenden 14. Jahrhundert dann vom griechischen Festland aus besiedelt. Deshalb verliert das archäologische Material seinen eigenen, von anderen ägäischen Kulturen unterscheidbaren Charakter. Die Inseln bildeten in ih-

---

77 Zu dieser Phase der Kykladenkultur siehe resümierend Barber 2012, 126–136.
78 Wiener 1984, 17–26.

rer Gesamtheit eine zunächst minoische und sodann mykenische Kulturprovinz.[79] Eine Palastkultur wie in anderen Teilen der bronzezeitlichen Welt entwickelte sich in diesem Bereich des mykenischen Kulturbereichs jedoch nie. Dies bedeutet, dass die Inseln wohl von einem der ›Palaststaaten‹ – vielleicht aus der Argolis, d. h. von Mykene – kontrolliert wurden. Im weiteren Verlauf der Geschichte teilten die Kykladen jedenfalls das Schicksal des mykenischen Griechenlands, ohne jedoch am Ende mit exzessiven Zerstörungshorizonten aufwarten zu können. Vielmehr wurden die Inseln sukzessive verlassen und ihre Siedlungen allmählich aufgegeben, sodass kaum Befunde aus den folgenden, das heißt nachmykenischen Epochen (submykenisch und protogeometrisch), vorliegen.[80]

---

79 Hierzu Cherry/Davis 1982, 333–341.
80 Zum Spätkykladikum siehe zusammenfassend Barber 2012, 160–170.

5 Kreta

Periodisierung

Neolithikum ca. 7000–3300
Chalkolithikum 3300–3100
Frühminoikum (FM): FM I 3100–2600, FM II 2600–2300, FM III 2300–2100
Mittelminoikum (MM): MM I 2100–1950, MM II 1950–1820, MM III 1820–1600
Spätminoikum (SM): SM I 1600–1450, SM II 1450–1350, SM III 1350–1250

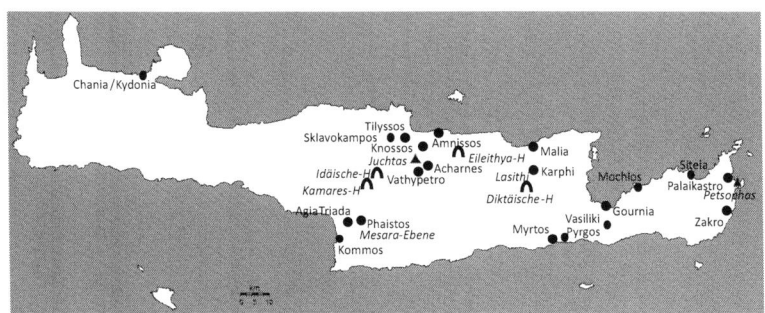

Abb. 19: Bronzezeitliche Stätten auf Kreta

5.1 Das Neolithikum

Während Kreta vielleicht bereits im Mesolithikum sporadisch bewohnt wurde, finden sich erst im Neolithikum, ab dem 7. beziehungsweise 6. Jahrtausend, die ältesten Siedlungsspuren in kretischen Höhlen und im Raum von Knossos, was den Befunden auf anderen Inseln der Ägäis entspricht.[81] Eine kontinuierliche Besiedelung liegt allerdings auch im Neolithikum nicht vor, da es zu einer deutlichen Unterbrechung im Mittel- und Spät-Neolithikum kam und erst ab der Endphase der Jungsteinzeit eine ununterbrochene Entwicklung der Bevölkerung auf Kreta feststellbar ist.

Die Menschen des Neolithikums waren meist Jäger, Sammler und Fischer und stammten den Artefakten nach zu schließen wohl aus Kleinasien – zum Teil vielleicht auch vom griechischen Festland.[82] Sie siedelten in (Familien-)Gruppen, über die gesamte Insel verstreut. Nach zunächst nur langsamer Entwicklung von Wirtschaft und Kultur brachten neue Zuwanderer aus Kleinasien Schafe und Ziegen nach Kreta und sorgten für wirtschaftlichen, kulturellen und auch sozialen Aufschwung. Lehmziegeldörfer, von denen bislang mehr als zwanzig entdeckt wurden, entstanden nun an der Nord-Küste und ab dem 4. Jahrtausend auch in der Mesara-Ebene. Die Wohnsitze der einzelnen Familien lagen dabei wohl in einer Art Wettbewerb hinsichtlich Menge und Qualität der produzierten Güter. Auch unterlagen die in den Dörfern – vor allem die von Spezialisten hergestellten – produzierten Waren in gewisser Weise einer Kontrolle seitens der Gemeinschaft, die sich vermutlich an den Bedürfnissen der Gemeinde orientierte. Am Ende des Neolothikums kam es schließlich zu einer Binnenkolonisation, die sich nun auf die Randlagen der fruchtbaren Gebiete Kretas erstreckte.

Handel in dieser Zeit existierte vornehmlich zwischen den einzelnen Regionen Kretas und ging nur selten über die Insel hinaus. Lediglich

---

81 Als Gesamtdarstellung des prähistorischen Kreta siehe Hutchinson 1962; Hood 1971; Higgins, 1973.
82 Zur Besiedlung Kretas im Neolithikum siehe Broodbank/Strasser 1991, 233–245.

zum Gebiet der Kephala-Kultur der Kykladen bestanden von einigen Orten der Insel intensivere Kontakte, die sich nicht nur auf den Austausch von Waren (besonders Obsidian und Kupfer) beschränkten, sondern auch auf die Vermittlung technologischer Fähigkeiten und zudem die Verbreitung der Importe innerhalb Kretas beförderten. Die Religion dieser Menschen bestand wohl hauptsächlich in einem Fruchtbarkeitskult, in dessen Mittelpunkt weibliche Gottheiten standen. Dieser Kult manifestierte sich in der Herstellung nackter weiblicher Tonstatuetten.

5.2 Das Chalkolithikum

Das Chalkolithikum (3300–3100) brachte neuerliche Zuwanderungen aus Kleinasien, im Zuge derer auch Kupferprospektoren aus dem Gebiet Anatoliens den Übergang zur Technik der Metallgewinnung und Metallverarbeitung (Kupfer und Bronze) auf der Insel ermöglichten.[83] Vor allem im Süden und Westen der Insel dürften schon zu dieser Zeit Kupfervorkommen abgebaut worden sein. Zur Folge hatte diese Entwicklung weitere größere Immigrationen aus dem kleinasiatischen Raum. Die neuen wirtschaftlichen Möglichkeiten führten zu diesem Zuzug und zu einem ökonomischen Aufstieg, der sich nicht nur auf die Kupferbearbeitung sondern -dank verbesserter von den neuen Bewohnern aus Anatolien mitgebrachter Anbaumethoden – ebenso auf die Landwirtschaft bezog.

---

83 Zuweilen wird in der Forschung diese Zeit als erster Abschnitt der Bronzezeit, also als Beginn von FM I, angesehen.

5.3 Frühminoikum (FM)

In FM I–III (3100–2100) entstanden hinsichtlich der Keramikproduktion zahlreiche neue Formen, die auf die Ausbildung regionaler Werkstätten schließen lassen, was wiederum die Existenz lokaler Spezialisten in der Töpferei nahelegt. Ähnliches gilt für die Technologie der Stein- und Metallbearbeitung, die offenbar auf bestimmte Zentren beschränkt war. Es existierten sowohl eigener Abbau als auch in zunehmendem Maße Import von Kupfer und Zinn. Gleichzeitig kommt es zu wirtschaftlichen, sozialen und kulturellen Änderungen: Rodungen mit neuen verbesserten Werkzeugen aus Bronze brachten mehr Äcker und höhere Erträge, die eine Vorratswirtschaft ermöglichten, was wiederum zu einem Bevölkerungs-Wachstum führte. Nun konnten mehr Menschen in anderen Bereichen als der Landwirtschaft tätig sein, was Schiffbau, Handel und eine Produktionssteigerung von Holz, Wein, Öl, Wolle, und Keramik ermöglichte. Es entstanden »Großdörfer« mit sozialer Differenzierung und ab FM II (um 2600) gab es wohl eine Händlerschicht mit »Organisatoren« für die Ernteüberschüsse und die Überwachung des Monopols auf Gold, die auch sakrale Funktionen hatten. Die jeweiligen Vorsteher der einzelnen Gemeinwesen könnte man vielleicht bereits als Sakralherrscher, also Anführer mit vor allem kultischen Aufgaben, bezeichnen. In die gleiche Richtung deutet auch die Steigerung der Produktion von Kupfergegenständen, die als Prestigeobjekte einer sozialen Elite anzusehen sind. Handels- und Produktionszentren solcher Produkte (Stein, Metall, Obsidian) gab vor allem an der Nordküste (Knossos, Mochlos), wo auch ein vermehrter Import aus den Kykladen festzustellen ist.

Weitere Zentren existierten zum einen in Mittelkreta, vor allem aber (ab FM II B) im Osten der Insel, von denen aus der Handel mit dem Orient betrieben wurde. In FM II/III sind vor allem Importe aus Syrien und Ägypten zu verzeichnen, die wiederum von lokalen kretischen Werkstätten nachgeahmt wurden. Diese Intensivierung der Kontakte mit dem Osten wurde offenbar wesentlich erleichtert durch die ›Erfindung‹ von Schiffen mit einem segeltüchtigen Mast, wie sie auf kretischen Siegeln dargestellt wurden. Diese Kontakte mit den östlichen Gebieten und den Importen aus diesem Raum sind zudem ein weiterer Beleg für die Existenz sozialer Eliten und deren Bedürfnis nach Repräsentation und Sichtbarkeit.[84] Deutliche Auswirkungen dieser Beziehungen war auch die Ausbildung einer administrativen Organisation, die durch die Einführung von Siegeln eine Kontrolle von Ein- und Ausfuhren der landwirtschaftlichen Produkte und der handwerklichen Erzeugnisse ermöglichten. Die sich etablierende Administration wird ebenso durch die Übernahme mancher Elemente der Verwaltung sichtbar.

Eine große Vielfalt in der landwirtschaftlichen Produktion und Viehhaltung (Weizen, Gerste, Hirse, Wein, Ziegen Schafe, Rinder) intensivierten den Handel mit Kleinasien, Ägypten, Syrien, Zypern und den Inseln der Kykladen, von denen (neben den bekannten Kykladenidolen) vor allem Obsidian bezogen wurde. Kreta wiederum exportierte neben Textilien auch Schmuck aus Gold und Erzeugnisse der Steinbearbeitung (Siegel, Steingefäße etc.) sowie Keramik, deren Produktionsstätten über weite Teile der Insel verteilt waren.

Im Frühminoikum (FM) entwickelten sich drei Typen von größeren Siedlungen bzw. Mischformen derselben. Zum einen waren dies vornehmlich agrikulturell ausgerichtete Orte mit für kretische Verhältnisse vergleichsweise ausgedehntem fruchtbarem Hinterland, wie etwa Knossos und Malia. Zum anderen entstanden Siedlungsplätze an der Küste, wie Mochlos, die stark am Seehandel orientiert waren, sowie drittens Siedlungen in Randlagen im Osten der Insel mit großem Umland und einer von der Topographie begünstigten Lage an der Küste, die für Kontakte mit Ägypten und der Levante prädestiniert war. Zu diesen gehörte z. B. Myrtos an der Südostküste. Am Übergang von FM II zu FM III verzeichneten die Siedlungen des ersten Typs einen starken Aufschwung und befanden sich auf dem Weg zur Stadt. Vor allem gilt dies jedoch für jene Mischform im Osten der Insel, die über ein großes landwirtschaftlich nutzbares Umland verfügten, gleichzeitig aber – weil nahe an der Küste gelegen – starken Anteil am Überseehandel hatten. Musterbeispiele dieses Typs sind Knossos (mit Mochlos) und Malia.

Am Ende von FM II (2300) ist eine erhöhte Waffenproduktion zu konstatieren – ein deutliches Zeichen unruhiger Verhältnisse – und

---

84 Zum Handel in dieser Zeit siehe Colburn 2008, 203–224.

bald auch umfangreiche Zerstörungen, die zwar lokal auf die Südostküste (Myrtos, Pyrgos, Vassiliki) begrenzt aber massiv waren, sodass die Orte oft für lange Zeit verlassen blieben. Die Zerstörer kamen über das Meer von Osten und sind vielleicht mit der »Luwischen Wanderung« in Verbindung zu bringen. In FM III (2300–2100) übernahm Zentralkreta politisch und auch kulturell (Keramik, Architektur) die Führung und erst am Ende von FM III erholte sich auch Ostkreta wieder. In einigen der oben genannten protourbanen Zentren entwickelten sich am Ende von FM III sogar Vorläufer der späteren minoischen Paläste, Gebäudekomplexe, die sich um einen zentralen Hof gruppierten. Der früheste dieser Vorpaläste entstand vermutlich in Malia, bald gefolgt von ähnlichen Anlagen in Knossos und Phaistos, wobei diese beiden Orte besonders günstig gelegen waren, da sie neben einer ansehnlichen fruchtbaren Ebene mit landwirtschaftlichem Überfluss auch einen guten Platz für Handelstätigkeiten aufweisen konnten. Von Bedeutung war hierbei somit, dass es sich um offene Plätze mit zahlreichen großen Gebäuden handelte, die einen Ort des Austausches und der Kommunikation boten. Charakteristisch für diese Zentren war auch das Entstehen von sich allmählich ausweitenden »Tischgemeinschaften« der Oberschicht, erkennbar an den reich ausgestatteten Räumlichkeiten sowie typischen, kostbaren Trinkgefäßen.

Auf kultischem Sektor ist vor allem die Errichtung von reichen Grabstätten wie Grabhügeln, Kuppelgräbern und Grabhäusern zu erwähnen, in denen vornehmlich ein Ahnenkult betrieben wurde, sowie ab FM III die häufige Bestattung in Pithoi (großen Vorratsgefäßen) und Larnakes (Tonsarkophagen). Die Ausstattung dieser Gräber lässt auch unzweifelhaft Rückschlüsse auf eine ökonomisch bereits stark differenzierte Bevölkerung in hervorgehobener sozialer Stellung zu, die ihre Gräber meist an weithin sichtbaren Plätzen errichteten und durch die Grabanlagen, die reichen Beigaben und die Begräbnisse selbst ihren sozialen Status zeigten. Dies sind alles Anzeichen für einen ausgeprägten gesellschaftlichen Wettbewerb und eine sich verstärkende soziale Diversifikation. Diese Differenzierung schlug sich auch in den Siedlungen nieder, in denen sich sowohl die horizontale (nach Berufen geordnete) als auch die vertikale (nach dem sozialen Status unterschiedene) Gliederung der Bevölkerung ablesen lassen. In der sozialen Organisation der Siedlungen sind zwei Formen unterscheidbar: Zum einen lassen sich mehr oder minder ausgedehnte Familiensitze oder Sippengemeinschaften nachweisen, in denen die Bewohner hierarchisch gegliedert und dementsprechend organisiert waren. Zum anderen aber gab es (annähernd) egalitär gegliederte Siedlungsgemeinschaften, deren Organisation in den Händen aller Bewohner lag. Die weitere Entwicklung auf Kreta ging aber ganz klar weg von den letztgenannten Gemeinschaften hin zu Siedlungen, in denen die Dominanz einzelner Haushalte stetig zunahm und von denen die gesamte Gemeinschaft organisiert und beherrscht wurde, sodass die soziale Differenzierung und die hierarchischen Strukturen sich permanent intensivierten. Hieraus entstand eine »Elitekultur«, die sich sowohl in ihren Praktiken als auch in der Verwendung von bestimmten Gütern manifestierte. Insgesamt kann man also festhalten, dass in der Frühen Bronzezeit in vielen Teilen Kretas eine Tendenz zu einer raschen und immer stärker ausgeprägten gesellschaftlichen Differenzierung stattgefunden hat. Im Gegensatz dazu ist jedoch keine Neigung zu politischer Integration der Insel vorhanden, das heißt es entstanden (noch) keine über die einzelnen Siedlungen und ihr unmittelbares Umland hinausgehenden politisch organisierten Gebilde – auch nicht in den Regionen, in denen sich die frühesten palastähnlichen Anlagen entwickelt hatten.[85]

Als Beispiel dieser Übergangsphase, als einzelne, ein begrenztes Areal kontrollierende Fürstensitze, von den sich in den größeren Siedlungen entwickelnden und ins Umland expandierenden protopalatialen Strukturen verdrängt wurden, kann vielleicht das »Ovalhaus« von Chamezi gelten. Dieser im Osten nahe der Nordküste gelegene Bau, war wohl Sitz eines einflussreichen Grundherren und existierte bereits – in Gestalt von Vorgängerbauten – in FM II/III. In MM I A erfolgte der Umbau zu einem eindrucksvollen; in seiner Art einzigartigen Wohnsitz, der deutlich einen festungsähnlichen Charakter aufweist und so vermutlich das Schutzbedürfnis des Besitzers widerspiegelt. Dieser Bau existierte allerdings nicht sehr lange und wurde am Beginn des Mittelminoikums bereits aufgegeben.

---

85 Zur archäologischen Evidenz dieser Zeit und ihrer sozialgeschichtlichen Deutung siehe Tomkins/Schoep 2012, 66–82.

5 Kreta

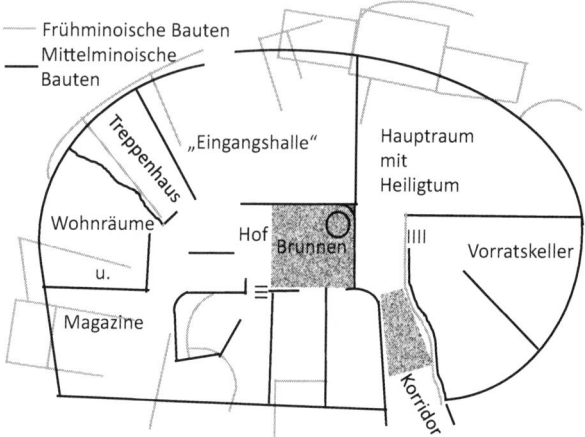

Abb. 20 Plan des Ovalhauses von Chamezi

Das Ovalhaus

An der Südseite des Baus führt ein gepflasterter Korridor ins Innere des Gebäudes. Im Zentrum der Anlage befindet sich das Heiligtum des Ortes mit einem Altar, bei dem mehrere Figurinen (Menschen und Tiere) gefunden wurden. An diesen Raum anschließend befindet sich ein über eine Treppe erreichbarer tiefer gelegener Vorratsraum, sowie auf der anderen Seite des Hauptraumes ein gepflasterter Hof mit einem Brunnen. Der gesamte Westteil der Anlage, der auch durch einen zweiten Eingang erreichbar war, beherbergte wohl Wohnräume und Lagerstätten. Im Übrigen hatte der Bau auch ein Obergeschoß, wie die Existenz einer Treppe und eines Treppenhauses beweist, von dem aber keine weiteren architektonischen Reste mehr erhalten sind.

Während das Ovalhaus von Chamezi einen eher singulären Typ eines von einem ›Grundherren‹ bewohnten lokalen Elitezentrums darstellt, sei im Folgenden jedoch eine der typischeren frühminoischen Siedlungen beschrieben, die noch nicht über eine palastähnliche Anlage oder

5.3 Frühminoikum (FM)

dergleichen verfügte: (Nea-)Myrtos. Sie fiel – wie viele andere Siedlungen Ostkretas auch – um 2200 einer Zerstörung und einem Brand zum Opfer und wurde sodann nicht mehr überbaut.

Abb. 21: Chamezi

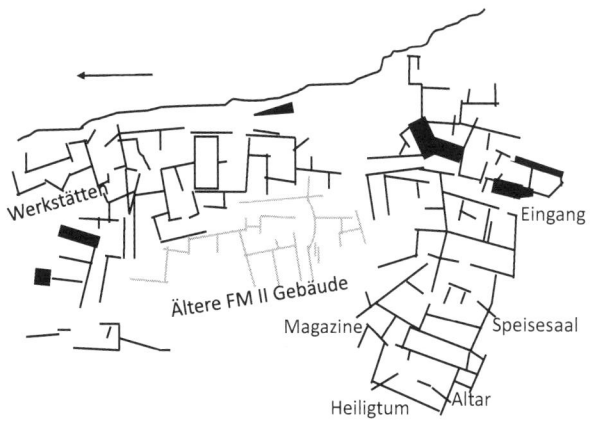

Abb. 22: Plan von Myrtos

Beschreibung von (Nea-)Myrtos

Auf einer Hügelkuppe ziemlich steil über dem Meer an der Südküste Ostkretas liegt eine der wichtigsten (und größten) frühminoischen Siedlungen: (Nea-)Myrtos. In der Phase FM II A gegründet wurde diese Siedlung in FM II B neu angelegt und um 2300 durch eine schwere Brandkatastrophe zerstört. Im Unterschied zu anderen Siedlungen wie Pyrgos oder Vassiliki, die zur selben Zeit durch kriegerische Ereignisse zugrunde gingen, wurde dieser Ort jedoch für Jahrhunderte nicht wiederbesiedelt.

Die gesamte Anlage zeigt eine deutlich agglutinierende Bauweise, wobei sich eine Anzahl kleiner, in sich geschlossener Siedlungsräume – eventuell von Familien – mit eigenen Koch- und Lagerräumen aneinanderreihte. Mit der Zeit erweiterte sich auf diese Weise das Areal der Siedlung immer weiter bis sie neu angelegt wurde.

In der Siedlung ist auch eine klare Gliederung nach beruflichen Tätigkeiten zu sehen. So existierten Viertel der Töpfer, der Weber und Färber sowie für die Wein- und Ölproduktion. Neben dieser Gliederung der Bevölkerung nach speziellen (meist handwerklichen) Tätigkeiten zeigen sich auch Unterschiede im ökonomischen Wohlstand. Es sind nämlich die Häuser im Südteil von Myrtos deutlich größer, als im Rest der Siedlung. Im Südwesten des Ortes befand sich auch das Heiligtum von Nea-Myrtos. Hier war in einer der steinernen Bänke ein menschlicher Schädel – wohl als Bauopfer – eingemauert. Unmittelbar nördlich des Heiligtums gab es einen ungewöhnlich großen Raum, der – aus der Menge des feinen Geschirrs zu schließen – als Speisesaal für die gesellschaftliche Elite der Stadt gedient haben dürfte.

Werkstätten, Magazine und Speicher finden sich über das gesamte Areal verteilt. Auffällig ist zudem die festungsartige Verstärkung der Südostecke der Siedlung, wo sich auch der Eingang der Anlage befand.

5.4 Mittelminoikumt (MM)

Im MM I–III (2100–1700) kam es zu einem starken Bevölkerungswachstum und zu expandierender Wirtschaft. Es hatte sich eine straffe Verwaltung etabliert, die zusammen mit einem gestiegenen Reichtum zu einem Machtzuwachs der einzelnen Herrscher führte. Von besonderer Bedeutung war die Entwicklung einer Schrift (minoische Hieroglyphen mit lokalen Varianten), die zur Bewältigung der an Komplexität und Umfang zunehmenden Verwaltung sowie des Wirtschaftssystems vonnöten war. Als besonderes Beispiel eines dieser frühen Schriftdokumente sei hier der sog. Diskos von Phaistos erwähnt, dessen Entzifferung bislang allerdings nicht gelungen ist.

Abb. 23: Diskos von Phaistos (Replique)

Ab 1950 (MM I B) spricht man von der Älteren Palastzeit, da nun Paläste in Knossos, Phaistos und Malia entstanden. Ein Palast war sowohl Wohnstätte als auch politisches, wirtschaftliches und kultisches Zentrum eines Gebietes, war stark befestigt und verfügte über große Magazine mit Vorratsgefäßen (*Pithoi*). Ein Palast bzw. der dort residierende Herrscher hatte das Handelsmonopol über Importe inne, weshalb auch Handelswaren aus dem Ausland nur im Palast oder in den Grabanlagen gefunden wurden. Der Palast zog Abgaben von Öl, Getreide, Wein etc. ein, die in Vorratsräumen und Speichern gelagert und bei Bedarf wiederum ausgeteilt wurden. Dieses alle wichtigen Funktionen des Landes auf den Palast konzentrierende System wird »redistributive zentrale Palastwirtschaft« genannt.[86] Diese letztlich auf Arthur Evans, den Ausgräber von Knossos, zurückgehende Charakterisierung des minoischen Palastes, wie er uns seit MM I B entgegentritt, als Residenz eines Priesterkönigs und der von C. Renfrew als regional redistributives Zentrum der wirtschaftlichen Aktivität präzisiert wurde,[87] stand – zumindest teilweise – in jüngerer Zeit zunehmend im Mittelpunkt der Kritik.[88]

Zunächst wurde der Palast als ›Erfindung‹ des Mittelminoikums in Frage gestellt, da Vorformen solcher Anlagen bereits in fühminoischer Zeit vorhanden waren. Auch seien der Palast und seine Bewohner eher Konsumenten als Produzenten gewesen, auf jeden Fall aber besaßen sie nicht die Kontrolle über alle produktiven und generell wirtschaftlichen Aktivitäten, sondern nur über einige. Das Modell eines alles kontrollierenden Palastes sei vielmehr nach der Evidenz des mykenischen Palastes von Knossos konzipiert worden und hätte für die mittelminoische Zeit (noch) keine Gültigkeit. Demnach hätten – an ein und demselben Ort (etwa Malia) – neben dem Palast auch andere ähnliche, wenn auch kleinere Zentren der Produktion bestanden, der Palast sei auch nicht Ort

---

86 Zu Anlage und Funktion minoischer Paläste siehe Cadogan 1976 und Hägg/Marinatos 1987.
87 Renfrew 1972, 51 und 307. Ähnlich auch bei Cherry 1986 19–45.
88 Obwohl hier nicht der Platz für die Darstellung von Forschungsdiskussionen ist, soll in diesem Fall auf eine alternative Sicht eingegangen warden, da diese eine tiefgreifende Neubewertung und Umdeutung des Phänomens »Minoischer Palast« zur Folge hätte. Stellvertretend für andere siehe Driessen 2001, 51–71; Day/Relaki 2002, 217–234.

einer königlichen Elite mit der damit verbundenen politisch-sozialen Gliederung gewesen. Auch wenn im Palast Gebäude existierten, die der Lagerung und Produktion sowie dem Sammeln und der Verteilung von Gütern dienten, so bedeute dies nicht, dass ein HerrscherX das alles kontrollierte und für den gesamten wirtschaftlichen und religiösen (kultischen) Sektor zuständig war. Diese Bereiche des Palastes müssen nicht zwingend die gesamte Wirtschaft – vor allem nicht diejenigen Betriebe, die außerhalb des Palastes lagen – dominiert haben. Vor allem gäbe es keine Beweise dafür, dass auch alle politischen und kultischen Aktivitäten in der Verantwortung des Palastes und seines Repräsentanten gelegen haben. Herrscher

Somit wären Verwaltung, Produktion und Verteilung in mittelminoischer Zeit nicht ausschließlich im Palast angesiedelt gewesen. Vor allem habe dies Gültigkeit für die Produktion von Luxusgütern, wie zum Beispiel die Textilherstellung, wofür die große Menge an Webgewichten, die auch außerhalb des Palastes gefunden wurden, ein deutliches Zeugnis ablegt. Auch die bekannte »Kamaresware« sei hiervon betroffen, zumal große Mengen dieser Keramik sowohl im Palast von Knossos als auch in jenem von Phaistos aus Produktionswerkstätten in der Messara-Ebene stammten, von denen beide Paläste versorgt wurden. Die großen Mengen an Luxuswaren aller Art, die in den Palästen gefunden wurden, seien demnach nicht für die Weiterverbreitung bestimmt gewesen, sondern vielmehr für den Gebrauch und Konsum einer Palastelite. Schließlich spräche auch die Verteilung von Siegeln und anderen Schriftdokumenten (Hieroglyphen) für diese Interpretation, da diese – in geringerer Anzahl – auch außerhalb der Paläste gefunden wurden. Besonders gut ließe sich dies am Beispiel der Siedlung von Malia zeigen, in der abgesehen vom Palast noch zwei weitere Verwaltungs- und Produktionszentren (vor allem das sog. My-Quartier) existierten; ein Beispiel hierfür sind Töpferwerkstätten mit schriftlichen Aufzeichnungen.

Diese Neuinterpretation kann somit folgendermaßen zusammengefasst werden: Die traditionelle Interpretation des minoischen Palastes – vor allem seiner Anfänge – als Sitz einer zentralen Autorität, welche die politischen, wirtschaftlichen und religiösen Angelegenheiten der gesamten Gemeinde kontrollierte, wird stark in Frage gestellt, da hierfür kein archäologischer Nachweis erbracht werden konnte. Obwohl deutliche Anzeichen für die Produktion, die Lagerung, den Gebrauch und die Verwaltung großer Warenmengen im Palast vorhanden sind, existiert kein Beweis dafür, dass diese Sektoren für die gesamte Gemeinde vom Palast aus kontrolliert wurden. Vielmehr leisteten kleinere Zentren außerhalb des Palastes durchaus Ähnliches, was besonders für die Siedlung von Malia auch nachzuweisen ist. Dies gilt vor allem für die Produktion hochwertiger Luxusgüter, die von Spezialisten sowohl innerhalb als auch außerhalb des Palastes hergestellt wurden. Gewissermaßen standen somit in den minoischen Zentren – auch die, in denen ein Palast existierte – einzelne größere Produktions- und Verwaltungseinheiten in einem Wettstreit miteinander, der sich vor allem auf dem Sektor der Luxusgüter (Keramik, Textilien etc.) niederschlug. Dieser Wettstreit manifestierte sich besonders in der Repräsentation der jeweiligen gesellschaftlichen Führung, die Wert auf die Produktion aber auch die Verwendung und Zurschaustellung jener Prestigeobjekte legte. Allerdings muss zugegeben werden, dass Herstellung und Gebrauch dieser Güter im Palast einer wesentlich größeren Elite diente als in den anderen Produktions- und Verbrauchszentren außerhalb der Paläste.[89]

Zu dieser Neubewertung der Rolle des (frühen) minoischen Palastes ist jedoch aus methodischer Sicht einiges anzumerken: Die traditionelle Interpretation des Palastes als alleiniges Produktion- und Lagerungszentrum des betreffenden Ortes kann durch neuere archäologische Untersuchungen, die weitere (kleinere) Standorte auch außerhalb der Paläste namhaft machen konnten, zwar glaubhaft widerlegt werden, dies bedeutet jedoch nicht – weil dies die Archäologie auch gar nicht belegen kann –, dass die Kontrolle über Produktion, Lagerung und Verteilung der Erzeugnisse nicht doch in den Händen der im Palast ansässigen Eliten lag. Vor allem sind die neuen Befunde kein Beweis dafür, dass der Palast nicht politischer und kultischer Mittelpunkt der gesamten betreffenden Region war und das Umland kontrollierte. Zwar mögen die anderen Zentren bzw. ›Betriebe‹ durchaus in kompetitiven Verhältnis zum Palast hinsichtlich der Erzeugung und dem Gebrauch besonders

---

89 Siehe die zusammenfassende Behandlung dieses Themas bei Schoep 2012, 113–125.

der Luxusgüter – und insgesamt also hinsichtlich der Repräsentation der Eliten – gestanden haben, doch bedeutet dies nicht, dass nicht die Kontrolle über all diese Sektoren beim Palast bzw. dem Herrscher gelegen hatte. Vergleichbar wäre diese Situation mit anderen historischen Epochen – etwa dem archaischen Griechenland –, in denen Adelsfamilien mit der Herrscherdynastie in produktivem und repräsentativem Wettstreit lagen. Da nur archäologische Zeugnisse zur Verfügung stehen, ist freilich auch diese Deutung nicht zu beweisen. Darüber hinaus sei noch bemerkt, dass auch hinsichtlich der strukturellen Anlage der Architektur das My-Quartier in Malia etwa einen Vergleich mit dem eigentlichen Palast nicht wirklich standhält, wobei nur angemerkt werden soll, dass im My-Quartier das für alle Paläste letztlich charakteristische Element des zentralen Palasthofes fehlt.

In MM II/III (1820–1700) erfolgte der Umbau und die Erweiterung der Speicheranlagen der – voneinander unabhängigen – Paläste, die nun über keine Befestigungen mehr verfügten. Lediglich der Herrschersitz in Pyrgos wurde stark mit Mauern und Türmen befestigt, was möglicherweise mit dem sich intensivierenden Handel mit Ägypten und den daraus resultierenden Überfällen von Piraten an der Südküste zu tun haben könnte. Bemerkenswert ist die sich nunmehr entwickelnde und vermutlich vom Palast kontrollierte Produktion von besonders hochwertiger Keramik (*Kamaresware*) und von Waffen (vor allem von Schwertern). Im Westen Kretas wurden neue Siedlungen gegründet (Chania) und viele Ägäisinseln kolonisiert bzw. mit Handelsstützpunkten versehen. Der Handel mit Gold, Salben, Amuletten, Zedern und Zypressen, aber auch mit Waffen förderte die diplomatischen Kontakte zu Zypern, der Levante, Ägypten und Mari. In den Aufzeichnungen dieser Gebiete erscheinen die Minoer als *Kaftu* oder *Keftiu* (in Ägypten) und *Kaptara* (in Mari). Die Händler des minoischen Kreta schufen also ein ausgedehntes, auf Handelskontakten beruhendes Seereich, sodass man diese Zeit mit Recht auch die Epoche der minoischen »Thalassokratie« (Seeherrschaft) nennen kann.[90] Es ist allerdings anzunehmen, dass diese »Seeherrschaft« in den einzelnen Regionen des östlichen Mittelmeerraumes auf unterschiedlichen Pfeilern ruhte. Zum einen waren

---

90 Dieser Frage ist der Sammelband von Hägg/Marinatos 1984 gewidmet.

dies minoische Kolonien, also Ansiedler kretischer Herkunft, wie wohl auf einigen Kykladeninseln (z. B. Thera), zum zweiten handelte es sich um Handelsstützpunkte, deren kretische Betreiber getrennt von der einheimischen Bevölkerung lebten wie in Milet oder an einigen Punkten des griechischen Festlandes und drittens waren es bloß enge Kontakte kretischer Händler wie sie beispielsweise zu Ägypten bestanden. Für den Handel mit dem letztgenannten Gebiet lagen wohl nicht die Stützpunkte selbst ehr wohl aber die Handelswege also die Schifffahrtsrouten in den Händen kretischer Seefahrer.[91]

Einen enormen Fortschritt bedeutete die Konzeption der Schrift Linear A um 1750 Die Verwendung einer Silben- statt einer Bilderschrift vereinfachte die Verwaltung und Archivierung erheblich, da sie die Aufzeichnung genauerer und komplexerer Inhalte ermöglichte. Wenig später, um 1700 (am Übergang von MM III A zu MM III B), wurde der Palast von Zakro an der Ostküste Kretas als Haupthafen des Orient- und Ägyptenhandels sowie eine Reihe anderer kleinerer Residenzen von Knossos aus gegründet. Dies bedeutet jedoch, dass die Paläste von Phaistos, Malia und Agia Triada offenbar keine unabhängigen Zentren mehr waren, sondern nun zum Machtbereich des Herrschers von Knossos gehörten.[92] Um 1700 war Kreta zudem von mehreren großen Erdbeben und weitgehenden Zerstörungen vieler Orte und Paläste betroffen, die jedoch sofort größer und luxuriöser wieder aufgebaut wurden. MM III B stellt daher der Beginn der »Jüngeren Palastzeit« dar, in welcher ein weiterer Ausbau des Handels vor allem mit Ägypten, aber auch dem griechischen Festland erfolgte.[93]

Hier soll nun die Konzeption eines minoischen Palastes am Beispiel der Residenz von Malia – im Wesentlichen aus den Perioden SM I A und B – kurz vorgestellt werden:[94]

---

91 Einen archäologischen Überblick zum Thema minoischer Handel bietet Burns 2012, 294–296.
92 Siehe Cherry 1986, 19–45.
93 Dickinson 1984, 115–118.
94 Speziell zu dieser Stätte siehe Drissen 2012, 556–570.

5.4 Mittelminoikumt (MM)

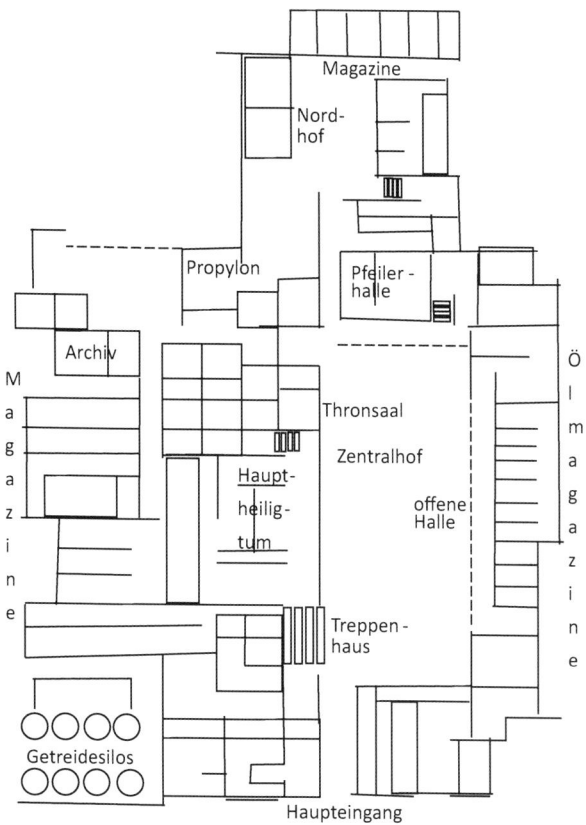

Abb. 24 Plan von Malia

Beschreibung von Malia

Das Zentrum der gesamten Anlage bildete ein großer Hof,[95] der von Süden über einen gepflasterten Zugang und den Haupteingang erreichbar war. An der westlichen Seite des Hofes, an der die wichtigs-

---

95 Zur Funktion dieser großen Höfe in den minoischen Palästen siehe Marinatos, 135–143.

ten Räumlichkeiten lagen, befand sich neben einer Terrasse mit Opferplatz zunächst die in allen Palästen unverzichtbare Schautreppe, von der aus Zuschauer die profanen und kultischen Feierlichkeiten auf dem großen Hof verfolgen konnten. Daran schloss sich das Hauptheiligtum des Palastes sowie ein breites Treppenhaus an, das in das obere Stockwerk des gesamten Baus führte. Das nördliche Ende dieses Westflügels bildeten Repräsentationsräume mit Prunkwaffen und anderen Zeichen der Herrschaft sowie vor diesen Räumen der Thronsaal mit einem kleinen Altar. Im Norden wird der Zentralhof durch ein Propylon, das den Zugang zu den Wohnräumen des Herrschers gewährte, und eine Pfeilerhalle abgeschlossen. Im Osten schließlich bildet eine langgezogene offene Halle – abwechselnd mit Pfeilern und Säulen bestanden – den Abschluss des Palasthofes. Rund um diese zentralen Gebäudekomplexe gruppierten sich auf allen Seiten Magazine für Getreide, Wein und Öl (mit großen Vorratsgefäßen) sowie – besonders im Norden – auch Werkstätten und Archive, darunter eines mit zahlreichen Linear A-Tafeln. Allgemein kann somit festgehalten werden, dass in jedem minoischen Palast um einen zentralen Palasthof abgeschlossene Gebäudekomplexe gelegen waren, die Heiligtümer, Repräsentations- und Regierungsräume sowie die Wohnstätten der Führungsschicht beinhalteten. In einem äußeren Ring lagen sodann vor allem Magazine und Wirtschaftskomplexe sowie Stätten, die vermutlich der Verwaltung dienten.[96] Dieses hier aufgezeigte Grundmuster der Verteilung von Räumlichkeiten gilt – mit einzelnen geringen Abweichungen – für alle großen minoischen Paläste und blieb auch bis in die spätminoische und mykenische Zeit bestehen.

Um 1600 (Ende von SM I A) ereignete sich ein gewaltiger Vulkanausbruch auf Santorin,[97] der nicht nur den Großteil der Insel und seiner minoischen Siedlung vernichtete, sondern mit seinen weiteren Auswirkungen (z. B. Flutwellen) zur Zerstörung der meisten Paläste und Orte

---

96 Ausführlich zu diesem Palast siehe Van Effenterre 1980.
97 Manning 1988, 17–82 und Manning 1990, 91–100.

5.4 Mittelminoikumt (MM)

Abb. 25: Palast von Malia (Vorhalle)

der Nordküste, vor allem der Häfen aber auch des Palastes von Malia sowie Teilen der Stadt Gournia, führte.[98] Diese gewaltige Naturkatastrophe bedeutete jedoch keinen absolute Kulturbruch, denn der Wiederaufbau der zerstörten Siedlungen als auch Paläste erfolgte umgehend, wobei diese eindrucksvollen Neubauten, wie auch der vermehrte Import von Metallen und Luxuswaren von der raschen Erholung Kretas zeugen.[99] Auch der Überseehandel erlitt keinen Einbruch, vielmehr intensivierten sich die Beziehungen zum Ägypten der Hyksos. So sandte beispielsweise Pharao Chian um 1600 Geschenke nach Kreta. Diese Kontakte führten auch zur Übernahme von Elementen kretischer Kultur in Ägypten, unter anderem auf dem Gebiet der Magie, in welchem sogar Worte in minoischer Sprache und ganze Zaubersprüche übernommen wurden. Enge wirtschaftliche und diplomatische Kontakte existierten auch zu den Herrschern von Byblos und Hattusa (Hethiter).[100]

---

98 Siehe zur minoischen Siedlung von Thera Doumas 1983.
99 Driessen/Macdonald 1997.
100 Cline 1999, 115–143.

5.5 Spätminoikum (SM)

In jüngeren Publikationen wurde es zum Teil üblich, neben der auf der archäologischen Einteilung der späten Bronzezeit auf Kreta, welche auf der nach der Keramik datierenden Evidenz basiert, eine zusätzliche Periodisierung dieser Zeit vorzunehmen: Diese stellt nun die Rolle der Paläste ins Zentrum der Betrachtung.[101] Demnach wird die späte Bronzezeit in die »Periode der Neuen Paläste« (ca. 1600–1450), in die »Monopalatiale Periode«, d. h. die Zeit des einzigen Palastes (1450–1350), in die »Endpalastzeit«(1350–1250) sowie in die »Nachpalastzeit« (nach 1250) unterteilt.[102] Die Jüngere Palastzeit oder Periode der Neueren Paläste, SM I (1600–1470/50), stellt den Höhepunkt minoischer Kultur dar. Dies zeigt sich beispielsweise in der prachtvollen Ausgestaltung des Palastes von Knossos sowie der Ausprägung der luxuriösen Meeresstil-Keramik. Neben den Palästen, die überall sehr gleichförmig angelegt waren und über dieselben architektonischen Elemente verfügten, existierten mehrere kleinere Residenzen (Tylissos, Chania, AgiaTriada, Siteia und Palaikastro), die gewöhnlich als »kleine Paläste« oder »Herrenhäuser« bezeichnet werden. Als kleinste Einheit der Verwaltung waren eine große Anzahl von sog. »Villen« vorhanden, welche die Funktion lokaler Verwaltungs- und Wirtschaftszentren (Getreideanbau, Ölproduktion, Weinbau und Bergbau) hatten.[103] In all diesen größeren und kleineren Zentren der Verwaltung wurde die oben schon erwähnte Linear A-Schrift als wesentliches Hilfsmittel verwendet, was beispielsweise anhand der allenthalben verwendeten, den einzelnen Produkten applizierten Siegel zu erkennen ist. Neben Siegeln und Tontafeln finden sich diese Schriftzeichen jedoch auch auf Dokumenten, die nicht mit der Verwaltung in Zusammenhang standen oder überhaupt keinen Bezug zur Wirtschaft – gleich welcher Form auch immer – hatten. Zieht man die Vergänglichkeit möglicher Trägermaterialien wie Holz, Knochen, Elfenbein oder Papyrus in Betracht, so ist anzunehmen, dass die

---

101 Siehe Younger 1998, 91–173.
102 Siehe Hallager 2012, 149–159.
103 Hierzu noch weiter unten.

Linear A-Schrift eine wesentlich weitere, über den Verwaltungsbereich hinausgehende Verbreitung in ganz Kreta – nicht nur in den Palästen – hatte.

Neben diesen erwähnten Verwaltungszentren gab es auch Städte im minoischen Kreta, zum Beispiel Gournia an der Bucht von Mirabello.[104] Diese zeigen jeweils im Zentrum einen Bau, der an einen sehr kleinen Palast erinnert und wohl als Verwaltungsbereich der Siedlung diente. Auffallend ist die dichtgedrängte Bebauung mit den engen Straßen und mehrstöckigen Häusern, deren Aussehen (einschließlich der Bemalung) und Bauweise sehr gut durch die Ausgrabungen der vom Vulkanausbruch zerstörten Gebäude auf der Insel Thera (Santorin) belegt sind.

Zusätzlich bezeugen Fresken und zahlreiche kleine Tonmodelle neben der architektonischen Gestalt auch die Gliederung und Bemalung minoischer Wohnhäuser.

Abb. 26: Tonmodell minoischer Häuser

---

104 Zum Hausbau im minoischen Kreta siehe McEnroe 1982, 3–19.

Als Beispiel für eine minoische Stadt sei hier die Anlage von Gournia vorgestellt:

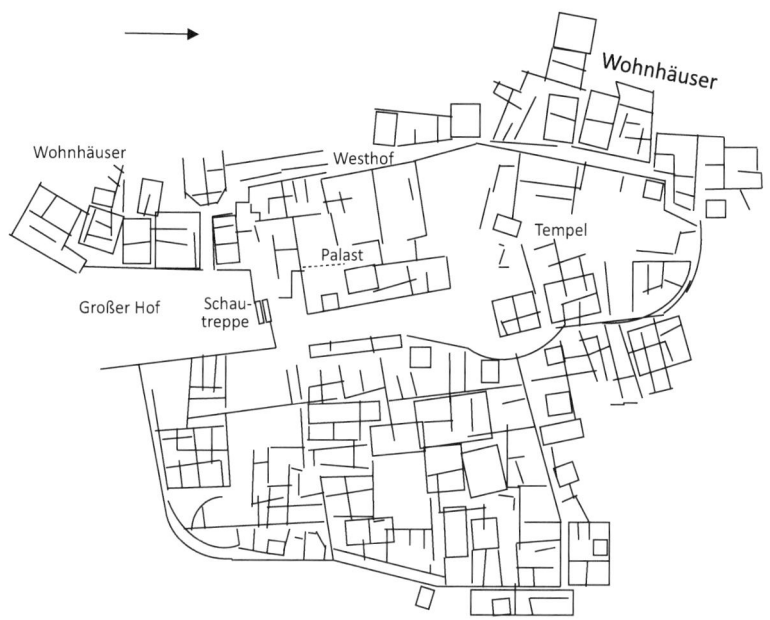

Abb. 27 Planskizze der Stadtanlage von Gournia

Beschreibung von Gournia

Die Stadt liegt auf einem niedrigen Hügel an einer verkehrstechnisch wichtigen Stelle: Am Kreuzungspunkt der Straße von Zentralkreta (Knossos) in den Osten der Insel entlang der Nordküste Kretas mit dem Weg von der Südküste (Ierapetra) zur Bucht von Mirabello, dem besten Schiffsanlegeplatz der gesamten Insel. Bereits in frühminoischer Zeit war der Hügel besiedelt, und in MM I begann die Anlage einer geplanten städtischen Siedlung, die ihre Blüte in MM III und SM I (ca. 1700–1450) erreichte.

5.5 Spätminoikum (SM)

Im Zentrum der Stadt lag ein kleiner ›Palast‹, der jedoch einem Vergleich mit den Palästen von Knossos oder Malia an Größe und Funktionalität keinesfalls standhält. Vielmehr handelt es sich hierbei offenbar um das lokale Verwaltungszentrum der Stadt mit ihrem Umland, worauf auch der Fund von mehreren Linear A-Tafeln hindeutet. Die Stadt stand allerdings selbst wohl unter der Herrschaft eines großen Palastes (vielleicht Malia). Der gesamte innere Stadtkern von Gournia war von einer gepflasterten Ringstraße umgeben, von der aus man im Süden einen großen Hof (oder besser gesagt Platz) erreichte. Über eine kleine Schautreppe gelangte man zum ›Palast‹ der Stadt, der über einen Kultplatz, einen Korridor und eine große Pfeilerhalle sowie ein Treppenhaus verfügte, über welches man die Wohnräume des Palastes in der ersten Etage erreichte. Zudem gehörte zu diesem Zentralbau noch ein Archiv und ein Speichertrakt samt einem kleinen Westhof. Durch einen offenen Platz vom Palastbereich getrennt liegt nördlich davon ein kleines Heiligtum, in dessen Kultraum zahlreiche Statuetten von Frauen im Adorantengestus (mit erhobenen Händen) sowie von Vögeln und Schlangen nebst einer Art Opferaltar gefunden wurden. Rings um diese Gebäudekomplexe befinden sich – vor allem im Osten – Wohnhäuser, Magazine sowie sonstige Wirtschaftsgebäude und Werkstätten von Schmieden, Tischlern, Töpfern und Ölhändlern. Diese Häuser sind allesamt sehr klein, eng aneinander gebaut und lassen kaum größere Zwischenräume frei, sodass die gesamte Stadt den Eindruck eines besonders dichten Verbaus mit nur sehr schmalen Gassen erweckt, deren gedrängter Charakter noch besonders durch die Tatsache verstärkt wurde, dass die meisten Häuser auch über ein Obergeschoß verfügt haben dürften, das den Lichteinfall auf die Gassen zusätzlich behindert haben wird. Zum Straßennetz der Stadt ist noch zu bemerken, dass abgesehen von der erwähnten gepflasterten Ringstraße um den Siedlungskern nur zwei breitere Verkehrswege existierten. Der eine führte aus dem Süden, vorbei am großen Platz und dem ›Palast‹ sowie dem Heiligtum zu den nördlichen Gebäuden und wieder zur Ringstraße. Der zweite Weg durchquerte die Siedlung von Osten nach Westen, wobei er den Nord-Süd-Weg vor dem Heiligtum kreuzte. Insgesamt erinnert die gesamte Anlage von Gournia in ihrer Enge und Gedrängtheit stark an zeitgleiche, in der Größe vergleichbare Städte des Vorderen Orients.

Abb. 28: Gournia

Nach 1470 kam es im Zuge von Kriegen und Naturkatastrophen zu zahlreichen Zerstörungen und Plünderungen auf Kreta.[105] Die Städte

---

105 In der älteren Forschungsliteratur wurden diese Zerstörungen zuweilen mit dem Vulkanausbruch auf Santorin in Zusammenhang gebracht. Diese Annahme hat sich als unzutreffend herausgestellt, da sich der Vulkanausbruch nach neuen Erkenntnissen mehr als 60 Jahre vor den genannten Zerstörungen ereignet hat. Lediglich die zeitweise Beeinträchtigung des Handels verbunden mit den dadurch bedingten wirtschaftlichen Einbußen sowie eventuelle Zweifel der Bevölkerung am Wohlwollen der Götter gegenüber den herrschenden Schichten könnten als Langzeitwirkung eine gewisse Instabilität der sozialen Verhältnisse in Kreta herbeigeführt haben, doch kann dies keinesfalls als Erklärung – vor allem nicht als alleinige Erklärung – für die weitgehenden Zerstörungen von Palästen und Städten sowie die Verschonung des Palastes von Knossos dienen.

wurden zwar sofort wieder aufgebaut, die Paläste jedoch nicht. mit Ausnahme von Knossos, wo nur die Siedlung vollständig, der Palast aber nur zum Teil zerstört worden war. Auch findet sich die in der Verwaltung gebrauchte Linear A-Schrift nur mehr an bestimmten Orten, sodass mit einer politischen Kontrolle von Knossos über (beinahe) die gesamte Insel zu rechnen ist. Neben dem Palast von Knossos war auch der Hafen der Stadt sowie der für den Außenhandel mit dem Süden und Osten (Levante und Ägypten) wichtige Hafen von Kommos an der Südküste Kretas der Zerstörung entgangen. Diese wohl bewusste Zerstörung bestimmter Orte und die Verschonung anderer könnte auf ein planmäßig überlegtes Vorgehen der ›Täter‹ hindeuten[106]. Die Zerstörer am Ende von SM I B waren zweifelsohne Angreifer aus dem mykenischen Griechenland, die über die Küste Westkretas auf die Insel gekommen waren, wobei der Ort Kydonia (das heutige Chania) eine zentrale Rolle gespielt haben dürfte. Ob die Mykener allerdings als plündernde Invasoren kamen oder schon länger in Kreta (besonders im Westen der Insel) – etwa als Söldner – ansässig waren, muss offenbleiben. Desgleichen stellt sich natürlich die Frage, ob Mykener in dieser Zeit organisatorisch in der Lage waren, ein solches Vorgehen durchzuführen und noch deutlicher, ob sie verwaltungstechnisch und organisatorisch fähig waren die Kontrolle über den Großteil Kretas zu übernehmen.

Mit Mykenern kamen in SM II und SM III A (1470/50–1400 bzw. 1350) – in der Monopalatialen Periode – jedenfalls neue Elemente, die sich in der Tracht, in (Krieger-)Gräbern, und der Bewaffnung niederschlugen, was sich auch in ägyptischen Darstellungen zeigt. Der ägyptische Würdenträger Rechmi Re – er war Wesir des Pharao Thutmosis III. – ließ in seinem Grab zwei Gesandtschaften aus Kaftu (Kreta) bildlich darstellen. Die erste Gesandtschaft (um 1460) zeigt Männer in typisch minoischer Tracht: sie sind dunkelhäutig bartlos mit langem geflochtenem Haar und tragen die charakteristische minoische Wickelhose. Die Repräsentanten der zweiten Gesandtschaft (um 1430) hingegen sind hellhäutig dargestellt, tragen Bärte und einen für das mykenische Griechenland dieser Zeit typischen Zipfelschurz sowie Schnabelschuhe. Sie sind also deutlich als Mykener zu erkennen. Die

---

106 Aufgrund der planmäßigen Zerstörung sind z. B. Erdbeben auszuschließen

Ägypter hatten offenbar die veränderten Macht- und Herrschaftsverhältnisse auf Kreta registriert. Bei der Darstellung der zweiten Gesandtschaft findet sich im beigeschriebenen ägyptischen Text neben Kaftu nun auch die Bezeichnung Menu, die vielleicht ebenfalls für Kreta gebraucht wurde, allerdings auch ein anderes Gebiet im röstlichen Ägäisraum bezeichnet haben könnte. Festhalten kann man: die ägyptischen Importe aus Kreta bestanden ab dieser Zeit zu einem hohen Anteil aus mykenischen Gefäßen.[107] Der Palast von Knossos war nun nach diesen Zerstörungen wohl die einzige Residenz eines Herrschers, der – sofern hier wirklich Kreta gemeint ist – vielleicht ebenso wie sein Land den Titel Menu (= *Minos?*) trug.[108] Er stützte sich auf einen Kriegeradel, der sich in den früheren Verwaltungszentren etablierte und in eigenen Nekropolen bestattet wurde. Charakteristisch war der intensive Kontakt der mykenischen Zentren auf Kreta zum (mykenischen) Festland, der besonders in den Waffenfunden und den Kriegergräbern deutlich greifbar ist. Das System der Palastwirtschaft und die engen wirtschaftlichen und diplomatischen Kontakte zu Ägypten blieben aber aufrecht. So schickte etwa Pharao Amenophis III. schwarze Söldner nach Kreta, und unter demselben Pharao besuchte um 1400 eine ägyptische Handelsdelegation neben zahlreichen Stätten der Ägäis sowie anderen kretischen Orten auch den Palast von Knossos.[109]

Es zeigt sich jedoch, dass sich die Lebensverhältnisse der gesamten Bevölkerung – nicht nur die der zuvor herrschenden Oberschicht – verschlechtert hatten. So wurden die Gebäude in den meisten Siedlungen, die zerstört worden waren, nur allmählich restauriert und die Orte auch nicht überall zur Gänze wieder aufgebaut. Insgesamt sind offenbar die friedlichen, stabilen Verhältnisse, welche die vorangegangene Zeit gekennzeichnet hatten, nicht – zumindest nicht in vollem Umfange und in allen Teilen der Insel – wieder hergestellt worden. Heftige Kämpfe gab es in ganz Kreta und viele Orte wurden nach etwa hundert Jahren abermals zerstört, von denen nicht alle wieder aufgebaut wurden. Zu

---

107 Zusammenfassend zu den Keramikimporten in Ägypten siehe Kemp/Merillees 1989.
108 Zu Kreta in dieser Zeit siehe Bennet 1987 307–312.
109 Cline 1987, 1–36.

dieser Zeit (um 1360), am Beginn der Endpalastzeit, wurde nun auch der Palast von Knossos geplündert und zerstört, ebenso die Siedlungen von Malia, Kydonia/Chania und Phaistos. Offenbar wurde die herrschende mykenische Dynastie von Knossos gestürzt. Der Palast erfuhr einen Umbau und verlor einige Funktionen, die der Vorgängerbau gehabt hatte. Das Erscheinen der Schrift Linear B beweist, dass die Zerstörer ebenfalls Mykener waren, also entweder Invasoren vom Festland oder mykenische Söldner der ebenfalls von Mykenern getragenen vorhergehenden Herrscherdynastie.[110] Um 1300 erfolgte schließlich eine weitere Zerstörung des Palastes.[111] Die Fragestellung ist demnach dieselbe, die schon bezüglich der Machtergreifung der ersten mykenischen Dynastie von Knossos erörtert wurde. Im ersten Fall wäre es ein Ereignis der ›inneren‹ Geschichte Kretas mit gesellschaftlichem Hintergrund, im zweiten aber ein von einem festländischen Machtzentrum (etwa Mykene) ausgehender Überfall mit anschließender Machtergreifung.

Eine mykenische Elite übernahm fortan die wirtschaftliche und politische Kontrolle in einem Großteil der Insel. Die nunmehr auftretenden Schriftzeugnisse mit der Silbenschrift Linear B auf Tafeln und Siegeln sind fast ausschließlich auf den Sektor der Administration, besonders auf den wirtschaftlichen Aspekt, beschränkt. Sie finden sich jedoch auch auf den typisch mykenischen Bügelkannen. Den Texten ist vereinzelt zu entnehmen, dass es nunmehr einen *wanax* genannten Herrscher in Knossos gab.[112]

Die Folgezeit SM III B ist von einer sog. »Barbarisierung« gekennzeichnet, was sich unter anderem in einer qualitativen Verschlechterung der handwerklichen und künstlerischen Produkte vor allem der Keramik niederschlug. Die materielle Kultur ist nun insgesamt sehr eingeschränkt und in allen von Mykenern beherrschten Teilen der Insel sehr einheitlich. Eine Vereinfachung zeigt sich auch im Hausbau, da statt der mehrgeschossigen minoischen Häuser in den Siedlungen nun meist eingeschossige Bauten auftreten. Auffällig ist weiter – doch kann dies auch am gegenwärtigen archäologischen Forschungsstand liegen –, dass

---

110 Niemeier 1982, 219–287.
111 Zu den Zerstörungen von Knossos siehe Popham 1970.
112 Als *wanax* bezeichnen die Linear B-Texte den Herrscher.

in den mykenischen Teilen Kretas wesentlich mehr Gräber und Friedhöfe anzutreffen sind, als in minoischer Zeit. Produktionszentren waren in dieser Zeit vor allem Knossos selbst sowie Kydonia/Chania in Westkreta, von wo aus sich Waren auf der gesamten Insel verbreiteten, aber auch zu den Kykladen, dem griechischen Festland, nach Zypern, der Levante und sogar bis nach Sardinien exportiert wurden. Im Gegenzug kamen Importe vor allem aus Ägypten und der Levante nach Kreta, besonders nach Knossos.

Von diesen neuen mykenischen Herrschern wurden auch vermehrt Söldner eingesetzt, deren neuartige Waffen (z. B. Griffzungenschwerter) auf eine Herkunft aus dem Balkanraum hinweisen, wobei es nicht zu klären ist, ob diese Söldner selbst oder nur deren Waffen aus dem Balkanraum stammten. Die Befunde legen jedenfalls nahe, dass die Zeiten innerhalb Kretas unruhiger geworden waren. Sie ließen sich aber auch dadurch erklären, dass im Laufe des 13. Jahrhunderts im gesamten östlichen Mittelmeer offenbar die Piraterie zunahm und Küstensiedlungen überfallen wurden, eine Entwicklung, die auch die Insel Kreta immer stärker betraf.

In der Nachpalastzeit zogen sich die Minoer (Eteokreter[113]) als Folge all dieser Umstände schon in der zweiten Hälfte des 13. Jahrhunderts in den Osten und die gebirgigen Regionen der Insel zurück, wo sie neue Siedlungen anlegten. Die archäologisch am besten untersuchte dieser Fluchtsiedlungen ist Karphi; sie befindet in den Bergen hoch über der Lasithi-Hochebene und wurde um 1200 von Minoern gegründet. Zur gleichen Zeit wurden auch Knossos und andere Orte der Insel zerstört, gefolgt von neuen, wesentlich umfangreicheren Zerstörungen um 1190 (SM III C) und der daraus resultierenden Aufgabe fast aller mykenischen Siedlungen auf Kreta – nur noch wenige Küstenorte blieben weiter besiedelt. Als Folge kam ab 1200 die gesamte Administration zum Erliegen und die Kontakte Kretas nach außen rissen fast gänzlich ab.

---

113 Als Eteokreter werden die Minoer bei Homer in der Odyssee (19,176) bezeichnet, wenn er die Achäer (= Mykener) und Eteokreter (= Minoer) als vordorische Bewohner der Insel Kreta aufzählt.

5.6 Minoische Gesellschaft und Wirtschaft

Gesellschaft

Mangels schriftlicher Quellen können für die minoische Zeit Kretas die gesellschaftlichen Verhältnisse nur aus archäologischen Befunden und Bilddokumenten erschlossen beziehungsweise hergeleitet werden. So weisen die sehr unterschiedlichen Grabausstattungen auf eine stark differenzierte Gesellschaft hin, wobei aus den Befunden nicht hervorgeht, ob die Unterschiede nur aus den ungleichen ökonomischen Verhältnissen einzelner Personen oder Familien erwachsen sind, oder aber auf einer erblichen Tradition, das heißt auf den Abstammungen der Familien (-Verbände) beruhen. Für die zweite Annahme spricht der bereits in frühminoischer Zeit nachweisbare stark ausgeprägte Ahnenkult auf Kreta, doch kann auch dies nicht als Beweis dafür gelten, dass es bei den Minoern so etwas wie einen sozial hervorgehobenen erblichen Adel gab. Unzweifelhaft bestand ein mit monarchischen Strukturen vergleichbares Herrschertum. Zunächst – wie bereits betont – gab es Herrscher in den einzelnen minoischen Palästen der Insel, im Spätminoikum jedoch existierte ein Herrscher nur mehr im Palast von Knossos. Hierbei bleibt unklar was mit den Herrschern bzw. den Herrscherdynastien der anderen – einst unabhängigen – Paläste, wie Phaistos oder Malia, geschah.

Ein wesentliches Merkmal der minoischen Gesellschaft respektive ihrer Elite war es, dass diese – im Gegensatz zur späteren mykenischen Führungsschicht – »gruppenorientierte Kollektivstrategien« verfolgte und nicht wie die Mykener »individualisierte Netzwerkstrategien«.[114] Erstere stützen sich typischerweise auf Gruppenzusammenhang, legen Wert auf ausgeprägte Gemeinschaftsrituale und finanzieren sich aus der Lagerung und Verteilung von Gütern; die Aufgaben des Herrschers waren in dieser Gesellschaft wohl vor allem auf kultische Funktionen beschränkt. Individualisierte Netzwerkstrategien fördern hingegen ausgeprägte individuelle Machtkonstruktionen resultierend in einem starken (politischen) Herrschertum, von dem ein Personenkreis abhängig war.

---

114 Hierzu Parkinson/Galaty 2007, 113–129.

Archäologisch – so die Meinung der Ausgräber – sei dieser Unterschied fassbar in den minoischen Palästen, wo Räume der Gemeinschaftsaktivität (z. B. der Zentralhof) im Vordergrund standen, sowie in der auffallend fehlenden Herrscherikonographie. Auch der nur im Palast von Knossos vorhandene, in den anderen Palästen aber fehlende »Thronsaal« scheint eher kultischen als politischen Funktionen gedient zu haben und der Thron selbst könnte sogar erst aus der Zeit der mykenischen Herrscher von Knossos stammen. Dementsprechend war der »Palast« weniger Herrschersitz als vielmehr gemeinschaftliches zeremonielles Zentrum der Palastelite, aber auch Zentrum zur Ausübung gemeinschaftlicher integrativer Rituale von Gruppen außerhalb des Palastes, wie sie auf minoischen Wandmalereien dargestellt sind.[115] Ein weiterer Hinweis auf dieses nicht-individualisierte Gesellschaftsmodell ist das Fehlen von reich ausgestatteten Gräbern, die man etwa als »königlich« bezeichnen könnte. Es soll an dieser Stelle jedoch angemerkt werden, dass die Frage erlaubt sein muss, ob aufgrund der ausschließlich archäologischen Evidenz derart weitreichende Schlüsse auf die gesellschaftlichen Verhältnisse oder auch nur die der sozialen Elite gezogen werden können. Hinzu kommt, dass für die minoischen Paläste und deren Eliten – wie gesagt – jegliche anderen Quellengattungen fehlen, während die ›kontrastierende‹ mykenische Gesellschaft auch aus Schriftquellen (in Linear B) beleuchtet werden kann.

Offen bleiben muss die Frage, ob in der monopalatialen Periode die ehemaligen Herrscher der anderen minoischen Paläste etwa in die ›zweite Reihe‹ als eine Art Vasallen zurücktreten mussten oder aber gänzlich eliminiert wurden, während deren Paläste nunmehr von Verwandten oder Vertrauten des knossischen Herrschers geführt wurden. Generell lautet somit abermals die – nicht zu beantwortende – Frage, ob die Paläste – abgesehen von Knossos – sowie auch die sog. Herrenhäuser und Villen von Adelsfamilien des Landes regiert wurden oder aber von Verwaltungsbeamten, die von den knossischen Herrschern eingesetzt worden waren. Kaum Zweifel unterliegt hingegen die Annahme, dass bei den Minoern die Frauen – zumindest jene der Oberschicht – ein hohes vielleicht sogar den Männern ebenbürtiges Sozial-

---

115 Driessen 2002, 1–13.

prestige genossen haben, welches zumindest ihrer Stellung in den meisten anderen antiken Kulturen überlegen war. Dies lässt zum einen die Ausstattung von Frauengräbern vermuten, zum anderen aber auch die sehr häufige figürliche Darstellung von Frauen, wobei es allerdings unklar ist, ob es sich bei diesen Statuetten um die Abbildungen von Göttinnen, Priesterinnen oder anderen hochgestellten Frauen handelt. Vor allem aber ist die Häufigkeit auffallend, in der Frauen in großer Anzahl auf Fresken als Zuschauer oder auch Teilnehmer an öffentlichen Zeremonien, kultischen Handlungen und anderen Festivitäten dargestellt wurden.

Neben der skizzierten vertikalen Differenzierung der minoischen Bevölkerung gab es unzweifelhaft auch eine horizontale Gliederung nach Berufsgruppen. Natürlich war ein Großteil der Menschen in der Landwirtschaft tätig, wobei allerdings auch hier bereits eine ausgeprägte Spezialisierung hinsichtlich der Zucht bestimmter Tiere (Schafe, Ziegen, Rinder etc.) und dem Anbau verschiedener Produkte (Getreide, Oliven oder Wein) vorhanden war. Abgesehen von diesen Beschäftigungen existierte eine ungeheure Fülle von zum Teil hoch spezialisierten handwirklichen Tätigkeiten von der Töpferei über die Leder- und Textilverarbeitung bis zur Herstellung verschiedenster Produkte aus Metall. Im Stellenwert dieser Berufsgruppe rangierten wohl die künstlerischen Tätigkeiten wie Baukunst, Steinbearbeitung und Schmuckherstellung ganz oben. Diese mannigfachen Berufe in Landwirtschaft und Handwerk, die weit über den heimischen Markt hinaus produzierten, verlangten natürlich nach einer weiteren Berufsgruppe, die der Händler und Seeleute, die ob ihrer Tätigkeit einen besonders hohen Stellenwert gehabt haben müssen. In dieser Hinsicht dürften allerdings die ›intellektuellen‹ Berufe, die Priester(innen), die Magier, die Ärzte, die mannigfachen Beamten und Schreiber, an der Spitze des gesellschaftlichen Ansehens gestanden haben. Lediglich über die Stellung des Militärs und seiner hohen Repräsentanten – sofern es letztere überhaupt gab –, die in vielen frühen Kulturen ein großes Sozialprestige genossen, kann hinsichtlich des minoischen Kretas, anders als über die folgende mykenische Zeit, nichts ausgesagt werden.[116]

---

116 Dazu weiter unten.

Wirtschaft

Das minoische Wirtschafts- und Verwaltungssystem, das bereits oben kurz als redistributive Palastwirtschaft skizziert wurde,[117] funktionierte auf folgende Weise: Aufgrund der zentral gelenkten Wirtschafts- und Produktionsweise waren die einzelnen Gebiete auf Kreta – entsprechend den natürlichen Gegebenheiten und Voraussetzungen von Boden, Flora und Fauna – auf die Herstellung bestimmter Waren spezialisiert (dazu auch oben Kap. 5). Als Verwaltungszentren dieser kleinen Wirtschaftseinheiten fungierten die »Villen«, beispielsweise die »Villa« von Sklavokampos als lokaler Sammelpunkt einer Bergbauregion oder die »Villa« von Vathypetro als Verwaltungs- und Verarbeitungsmittelpunkt der Produkte der umliegenden Weinbaubetriebe im Tal von Archanes. Die meisten »Villen« waren natürlich für die Kontrolle des Anbaus bestimmter Getreidesorten oder die Zucht von Rindern, Schafen und Ziegen zuständig. Eine besondere Funktion hatten wohl diejenigen »Villen« inne, die als Verarbeitungsstätten von Textilien, Lederwaren, Metallen oder anderen Bergbauprodukten dienten. Als Beispiel für einen minoischen Wirtschaftsbetrieb mag hier die Erörterung des ›Weinbauzentrums‹ nahe der Siedlung Archanes in Vathypetro dienen:

Beschreibung der Villa von Vathypetro

Im Süden der Region von Acharnes liegt in hügeliger Landschaft auf einer Terrasse die Villa von Vathypetro. Sie wurde im 16. Jahrhundert als Herrensitz mit angeschlossenem Wirtschaftstrakt erbaut, bereits um 1500 durch ein Erdbeben teilweise zerstört und sodann aufgegeben. Der Zugang zur Villa erfolgte im Osten durch einen mit einer L-förmigen Mauer umgebenen großen Hof, an dessen Westrand sich ein sehr auffälliges dreiteiliges kleines Heiligtum (ein Schrein) befand.

---

117 Halstead 1988, 519–530.

5.6 Minoische Gesellschaft und Wirtschaft

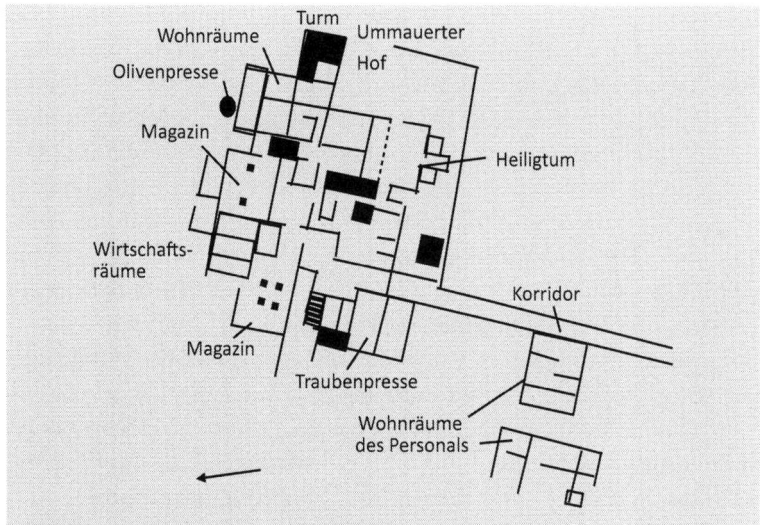

Abb. 29: Plan der Villa von Vathypetro

Durch einen Säulentrakt und einen zweigeteilten Raum erreichte man die im Nordosten gelegenen Wohnräume der Anlage, an deren Seite ein mächtiger Turm errichtet wurde. Im Westen der Wohnräume lagen ein Wirtschaftstrakt, eine Ölpresse und ein von zwei Pfeilern gestütztes Magazin, in dem sich eine große Anzahl an Vorratsgefäßen (Pithoi) befand. Neben weiteren Wirtschaftsräumen gab es an der Nordseite der Villa ein noch größeres Magazin mit vier Stützpfeilern. An der Westseite der Villa stand – als besonderes Charakteristikum dieses Wirtschaftsbetriebes – eine Traubenpresse. Von dort führte schließlich ein langer Korridor zu Gebäuden, die als Unterkünfte für die Bediensteten dieses Weinbaubetriebes gedient haben dürften. Zu erwähnen ist noch, dass sich diese Anlage zwar schon in Betrieb befand, dessen Bauten (besonders der große Turm) jedoch zum Zeitpunkt des Erdbebens noch nicht fertiggestellt waren.

Als übergeordnete administrative Mittelpunkte ganzer Regionen fungierten die kleineren und oftmals schon älteren Paläste, deren Aufgaben nicht in der Verwaltung bestimmter Produktionszweige bestand, sondern die nach territorialen Gesichtspunkten angelegt worden waren, beziehungsweise schon lange bestanden hatten. Das gesamte System kulminierte schließlich im Palast von Knossos, in dem sämtliche Fäden von Wirtschaft und Verwaltung zusammenliefen. Dies bedeutete auch, dass die meisten Produkte an den Palst geliefert, dort gesammelt und gelagert und bei Bedarf wieder vom Palast verteilt oder einem anderen Verwendungszweck etwa dem Handel – zugeführt wurden. In dieser Zeit stand fast das ganze Kreta unter der Herrschaft und Verwaltung des Palastes von Knossos und seiner Herrscher – nur der Südwestteil der Insel blieb außerhalb seines Machtbereiches

Einen wesentlichen Bestandteil der minoischen Wirtschaft bildete – wie schon mehrmals erwähnt – der Handel. Der Außenhandel von minoischen Frächtern auf ihren flachen bauchigen Schiffen erfasste das gesamte östliche Mittelmeer:[118] von Griechenland über die ägäischen Inseln und Zypern, bis nach Kleinasien,[119] Ägypten, der Levante, Syrien und Mesopotamien.[120] Er erreichte im Westen aber auch die Inseln Sizilien und Sardinien, wo sogar minoische Handelsstützpunkte existierten. Möglicherweise bewahrten mehrere Orte des späteren Griechenlands eine Erinnerung an ihre kretischen Ursprünge, indem sie den Beinahmen *Minoa* trugen. Die unzweifelhaft wichtigsten Handelspartner der Minoer aber waren – bedeutender als das griechische Festland – Kleinasien und Ägypten. Die Erzeugnisse Kretas, die in den Export gingen, bestanden vor allem in Naturprodukten wie Tierhäuten und Wolle, aber auch veredelten Waren wie Leder, Textilien und Keramik. Hinzu kamen Erzeugnisse der Metallbearbeitung sowohl aus Bronze (z. B. Waffen) als auch aus edleren Metallen wie Gold und Silber für Schmuckstücke und Amulette. Besonders bekannt war Kreta offenbar für die Erzeugung von Salben, Ölen und anderen aromatischen Essenzen, wofür die zahlreichen zum Transport vorgesehenen Gefäße aus Ton oder Glas, die an den Bestimmungsorten wie Ägypten gefunden wurden, deutliches Zeugnis ablegen.[121] Importiert wurden im Gegenzug ebenfalls Natur-

---

118 Siehe Melas 1988, 47–70.
119 Heltzer 1988, 7–13.
120 Heltzer1989, 7–27.
121 Sakellarakis/Sakellarakis 1984 197–202.

produkte, wie Felle und Wolle vom griechischen Festland, Luxuswaren aus Ägypten und Vorderasien und vor allem verschiedene Arten von Metallen wie Zinn, Kupfer, Silber und Gold. Einen besonders weiten Weg hatten beispielsweise der importierte Lapislazuli aus Afghanistan und Bernstein von der Ostseeküste hinter sich.

5.7 Minoische Religion

Die minoische Religion ist – zumindest zum Teil – in ausgeprägten Grabriten begründet. Schon in FM I (um 3000) finden sich in Mittelkreta (vor allem der Mesara) aufwendige Tholosgräber, ab FM II (ab 2600) dann auch Hausgräber in ganz Zentralkreta. Mit diesen Gräbern – gleich welcher Art – standen offenbar Fruchtbarkeitskulte und Stieropfer in Verbindung. Diese biden Formen von Ritualen, die auch später für die minoische Religion weiterhin von großer Bedeutung waren, gehen somit weit über bloße Grabriten hinaus sondern scheinen vielmehr grundlegend für die minoische Religion geworden zu sein.[122]

Bereits seit der Vorpalastzeit waren die Religion und die Kulte auf Kreta offenbar stark von weiblichen Gottheiten dominiert. Besonders eine Fruchtbarkeitsgöttin, die als Herrin der Nutzpflanzen und Bäume verehrt wurde, sowie eine Herrin der Tiere sind immer wieder in den bildlichen Darstellungen (vor allem auf Reliefs, Ringen und Siegeln) vertreten.[123] In diesen Kontext eines weiblich bestimmten Kultes gehört auch das häufigste sakrale Symbol: die Doppelaxt. Mit diesem Gegenstand war nämlich eine weibliche Gottheit, die »Herrin der Äxte«, kultisch verbunden.

---

122 Siehe Branigan 1970; Branigan 1993.
123 Meist handelt es sich hierbei um Abbildungen einer betont weiblichen Gottheit, die entweder von Bäumen, Getreideähren oder anderen Pflanzen umgeben ist oder aber zusammen mit Tieren wie Rotwild oder Raubtieren auftritt und diese Tiere offenbar beherrscht. Zuweilen gesellen sich auch Adoranten zu dieser Szenerie.

5 Kreta

Zudem gab es offensichtlich eine weibliche Priesterkaste, deren Vertreterinnen – ebenso wie auch die Göttinnen selbst – häufig figürlich dargestellt wurden. Als bekanntestes Beispielwie für weibliche Darstellungen in kultischem Kontext sei hier nur die öfters abgebildete sog. »Schlangengöttin« genannt.[124]

Abb. 31: »Schlangengöttinen« aus Knossos (Repliken)

Orte der Kultausübung waren zunächst neben den Gräber (für den Ahnenkult) vor allem Höhlen (Eileithya, Idaische Höhle, Kamares Höhle, Diktäische Höhle) und Haine. Kulthöhlen traten ab der Wende vom FM III zu MM I auf – das älteste Beispiel ist die Idäische Grotte – und waren von den umliegenden Regionen und Siedlungen sichtbar und leicht zu erreichen. Der Kult fand jeweils tief im Inneren der Höhle statt, dabei wurden zahlreiche männliche und weibliche Bronzefigurinen geopfert. Es gab jedoch auch rituelle Veranstaltungen außerhalb

---

124 Bei dieser könnte es sich um eine Priesterin aber auch um die Darstellung einer Göttin handeln.

5.7 Minoische Religion

der Höhle, an denen größere Teile der Bevölkerung der Umgebung teilnahmen. Diese Feierlichkeiten gingen offenbar auch mit ekstatischen Aufführungen einher.[125] Etwa gleichzeitig mit der Kultausübung in Höhlen wurden auch Berggipfel als Orte kultischer Rituale genutzt.[126] Charakteristisch für diese Gipfelheiligtümer war – ähnlich wie bei den Höhlenheiligtümern –, dass sie von der Umgebung gut sichtbar waren und als kultische Mittelpunkte ganzer Regionen dienten. In der gesamten »Älteren Palastzeit« – also ab FM II/MM I – existierten neben Höhlen und Hainen nach unserem Kenntnisstand etwa 25 Gipfelheiligtümer als Kultplätze,[127] an denen neben menschlichen und tierischen Tonfigurinen auch Juwelen, Edelmetalle und Kultäxte geopfert wurden. In der »Jüngeren Palastzeit« wurden diese Gipfelheiligtümer seltener, dafür aber reicher ausgestattet und mit wertvolleren Opfergaben bestückt. Einige dieser Heiligtümer – besonders das auf dem Juchtas südlich von Knossos – wurden architektonisch ausgebaut. Auf diesem befand sich eine zentrale; kultisch genutzte Gipfelterrasse, die von tiefergelegenen Terrassen umgeben war, welche ebenso wie der Gipfel selbst immer dichter mit dem Kult gewidmeten Bauten (Altäre und Tempel) bestanden waren. Später entstanden Tempel häufiger am Fuß der Berge, statt auf den Gipfeln, nicht zuletzt um den Zugang von den nahegelegenen Palästen zu erleichtern.[128]

Weil sich Gipfelheiligtümer ursprünglich im ländlichen Umfeld für die Kultausübung von Hirten und Bauern entwickelt hatten, gerieten die meisten außer Gebrauch oder blieben der ländlichen Bevölkerung vorbehalten und verarmten. Die wenigen verbliebenen Heiligtümer (neun) wurden von einer Palastelite okkupiert, reich bestückt und waren nun mit den Palästen oder städtischen Zentren verbunden.

---

125 Tyree 2001, 329–342.
126 Peatfield 1990, 117–131.
127 Peatfield 1983, 273–279 und Rutkowski 1988, 71–98.
128 Peatfield 1987, 89–93.

5 Kreta

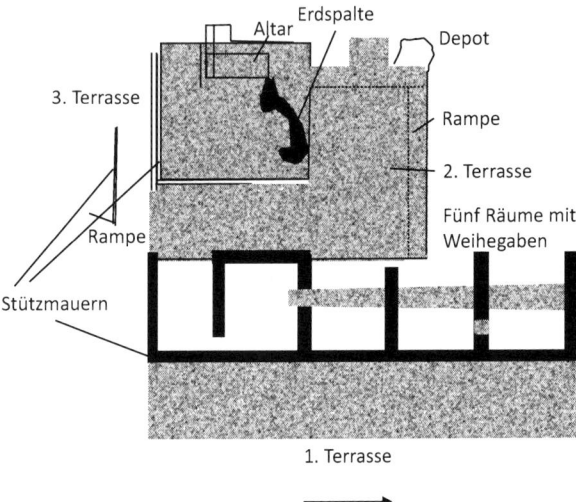

Abb. 32 Plan des Juchtas-Heiligtums

Beschreibung des Juchtas-Heiligtums

Seit MM II existierte auf dem Gipfel des Juchtas ein auf mehreren von Osten nach Westen ansteigenden Terrassen angelegtes monumentales Heiligtum, in dem über weite Teile der gewachsene Fels – ohne bautechnische Eingriffe – den Boden bildete. Auf der untersten der drei Terrassen befand sich ein in drei Räume unterteilter Bau, in dem eine große Zahl von Weihegaben gelagert wurden. Die Fassade dieses Gebäudes wies eine Säulenreihe und auf dem Dach als Bekrönung Stierhörner auf. Von diesem Bau führten zu beiden Seiten Rampen zur zweiten und dritten Terrasse des Heiligtums. Die zweite (schmale) Terrasse diente wohl als Versammlungsplatz der Teilnehmer an den Kultveranstaltungen. Auf der obersten Terrasse lag der große steinerne Stufenaltar und nordöstlich von diesem der ursprüngliche Mittelpunkt des Kultes: ein zehn Meter tiefer Felsspalt, in welchem wertvolle Opfergaben aller Art (Statuetten, Kultgegenstände etc.) deponiert wurden.

5.7 Minoische Religion

Solche Gipfelheiligtümer existierten abgesehen vom Juchtas im Gebiet von Acharnes südlich von Knossos beispielsweise auch im Gebiet ca. 20 km westlich von Knossos sowie (besonders häufig) im Osten Kretas, von denen das größte auf dem Petsophas nahe dem Palast von Palaikastro lag.[129]

Schreine und Tempel wurden auch außerhalb der heiligen Orte, beispielsweise in den Palästen, oder aber auf dem Land gebaut wo sie zunehmend die Haine als Kultplätze ersetzten. Zwar blieben die Gipfelheiligtümer, die Höhlen und Haine als Kultstätten in Betrieb, doch zeigen die gefundenen Opfergaben an diesen Plätzen sehr deutlich, dass sich die Besucherschicht gewandelt hatte.[130] Zunehmend suchte nämlich statt der reichen Oberschicht nur mehr die ärmere Bevölkerung diese Kultplätze auf und hinterließ ihre charakteristischen Opfergaben. Bereits in FM II erschienen Kultareale auch innerhalb der Siedlungen, wie in Myrtos, wo ein großer Gebäudekomplex mit einem Kultraum vom Hof her für die Bewohner der Siedlung zugänglich war. Hier wurde ein menschlicher Schädel gefunden, wobei es unklar ist, ob es sich dabei um die Überreste eines Ahnenkultes oder aber um die eines Menschenopfers handelt. In der »Älteren Palastzeit« waren Kulträume mit an den Wänden verlaufenden Bänken typisch. Die Darstellungen einer weiblichen Gottheit wurde meist von Tänzern umringt dargestellt, als Weihegaben fanden sich vor allem Doppeläxte, Stierfigurinen und bildliche Darstellungen anderer Tiere.[131]

In der »Jüngeren Palastzeit« fand eine Konzentration der Kulthandlungen in oder nahe dem Palast statt. Zum einen hatte – den Funden und den bildlichen Darstellungen zufolge – der Thronraum in den Palästen vornehmlich kultische Funktionen. Zum anderen entstanden in den Palästen allenthalben dreiteilige Schreine, in denen (nach den Darstellungen auf Fresken) bei Festen die Göttin – von einer Priesterin dargestellt– epiphanierte. Zudem existierten oft mit Pfeilern umstandene sog. Lustrationsbecken, die der Aufnahme von Opfergaben aller Art dienten. Schließlich sind als Mittelpunkt ritueller Handlungen noch

---

129 Hiezu Karetsou 1981, 137–153.
130 Peatfield 1990, 117–131
131 Siehe Gsell 1985.

die Höfe der Paläste zu nennen. Hier war der von Räumen umgebene Zentralhof, in dem vor allem Stieropfer stattfanden, allerdings nur einer kleinen Gruppe von Menschen, wohl der Palastelite, zugänglich, während der nach außen hin offene Westhof der Paläste für ein größeres Publikum einsehbar war und der Darbringung von Ernteopfern diente.

Mit dieser örtlichen Veränderung ging auch eine Hierarchisierung, Organisation und Kontrolle der Religion und der Priesterämter durch den Palast einher, das heißt die Religion wurde »verstaatlicht.« Dies gilt in besonderem Maße für das kultische Symbol der Doppelaxt (*labrys*) und die »Herrin der Äxte«, die in einem eigenen, gesondertem Heiligtum *labyrinthos* genannt in Knossos verehrt wurde[132].

Ländliche Heiligtümer (z. B. Gipfelheiligtümer) wurden zwar seltener genutzt, dienten aber weiterhin den ›gewöhnlichen‹ Menschen als Kultstätten. Zunehmend wurden die Tempel der Gipfelheiligtümer nämlich an den Fuß der Berge verlegt, wo sie vom Palast aus leichter zu erreichen waren und dementsprechend von den Eliten der Paläste besucht wurden. Deutlich archäologisch ablesbar sind diese Veränderungen an der Tatsache, daß etwa in den Gipfelheiligtümern ärmlichere, nicht so kostbare Opfergaben niedergelegt wurden, während in den niedriger gelegenen und palstnäheren Tempeln nun die kostbaren Weihegaben deponiert wurden.

Als weitere Veränderung der Kultpraxis ist noch festzuhalten, dass vermehrt auch Götter anderer Gebiete – sogar aus solchen außerhalb Kretas – nun in Knossos präsent waren und in den ›Kultbetrieb‹ einbezogen wurden.

Nun noch zu einer umstrittenen Frage: Während in einigen Fällen menschliche Überreste an Kultorten nicht eindeutig einem Menschenopfer zuzuordnen sind, ist zumindest in einem Fall für einen minoischen Tempel – am Fuße des Juchtas-Berges an der Stelle Anemospilia nahe Knossos gelegen – die Durchführung eines Menschenopfers archäologisch eindrucksvoll belegbar.

---

132 Dies ist auch das einzige Heiligtum, für das ein eigener Name (*labyrinthos*) überliefert ist.

5.7 Minoische Religion

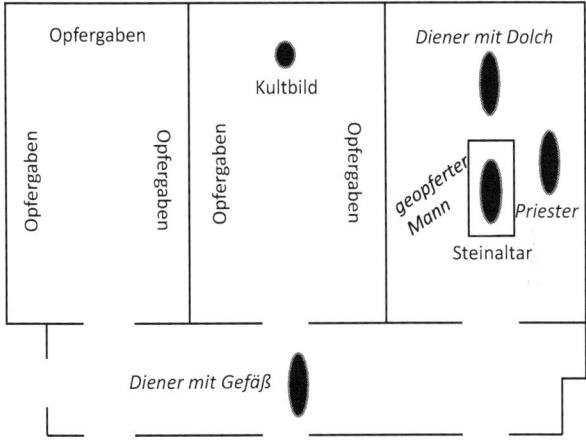

Abb. 33 Der Tempel von Anemospilia: Schematische Skizze der Fundsituation

Beschreibung des Tempels von Anemospilia

An der Stelle Anemospilia befand sich ein Tempel, der durch ein Erdbeben und einen anschließenden Brand zerstört wurde. Das Besondere dieser archäologischen Stätte bildet die Tatsache, dass das Heiligtum zerstört wurde, als gerade eine Kulthandlung im Gange war, die Menschen also von der Katastrophe völlig überrascht wurden. Die Opfer dieses Unglücks waren ein durch seinen Schmuck und seine Kultgeräte deutlich als Priester zu erkennender Mann, sowie zwei Diener, von denen einer ein Messer, der andere ein mit Blut gefülltes Gefäß – die Spuren waren chemisch an den Gefäßresten feststellbar –trug. Eine weitere auf einer Art Altar liegende Person war offenbar nicht durch die Naturkatastrophe ums Leben gekommen, sondern schon zuvor durch einen Schnitt durch die Kehle getötet worden.

Es bleibt also zu vermuten, dass in diesem Tempel ein Mensch geopfert und sein Blut gerade zu einer Kultstatue getragen wurde, als Teile des Tempeldaches herabstürzten und alle im Tempel befindlichen Personen unter sich begruben. Möglicherweise hatte sich das

Erdbeben schon angekündigt und man versuchte, dieses durch ein Menschenopfer abzuwenden. Offen bleibt allerdings die Frage, ob solche Menschenopfer im Kult der Minoer regelmäßig stattfanden – dargestellt wurden sie jedenfalls nie – oder ob sie nur in Ausnahmefällen, wie in besonders bedrohlichen Situationen, durchgeführt wurden.

Abgesehen vom eben beschriebenen Menschenopfer im Tempel von Anemospilia wurde ein weiterer Hinweis auf diese Kultpraxis in Knossos selbst gefunden.[133] Hier befand sich ein Kultraum, in welchem vier Kinderskelette lagen, deren Überreste deutliche Spuren einer Opferung sowie einer rituellen Verspeisung tragen.[134]

Im Zentrum minoischer Kultpraxis stand seit Beginn eine weibliche Gottheit, die als Muttergöttin, als Herrin der Tiere oder als Schützerin der Stadt auftrat, wobei sich die Frage stellt, ob es sich dabei um *eine* Göttin mit verschiedenen Erscheinungsformen, Aspekten und Funktionen handelte oder aber um mehrere Göttinnen. Ein wesentlicher Bestandteil der offenbar ekstatischen Kultfeiern war jeweils die Epiphanie dieser Göttin, die von einer Priesterin verkörpert wurde.[135] Während zunächst männliche Gottheiten nur eine sekundäre Rolle spielten, gab es in der »Jüngeren Palastzeit« zunehmend auch männliche Priester in Kreta und zum weiblichen trat ein männlicher Fruchtbarkeitskult, der sich vor allem in der Verehrung von Stieren äußerte.[136] Der Stierkult kann in dieser Zeit als eine Art Nationalreligion in Kreta bezeichnet werden und war in Form von figürlichen Darstellungen, Wandmalereien und stilisierten Stierhörnern auf den Gebäuden omnipräsent.

Besonders auffallend sind Darstellungen bzw. Abbildungen von Jünglingen und Mädchen, die in akrobatischer Weise über einen Stier sprangen, indem sie sich mit einem Salto oder Überschlag über den heranstürmenden Stier der Länge nach hinwegsetzten. Dieses sportliche,

---

133 Sakellerakis/Sapouna-Sakelleraki 1991.
134 Warren 1981, 155–167.
135 Warren 1988.
136 Younger 1995, 507–545.

5.7 Minoische Religion

Abb. 34: Minoische Stieridole links aus Psira und rechts aus Knossos (Repliken)

gefährliche Kunststück war den Fresken zufolge von zahlreichen Zuschauern (der Palastgesellschaft) begleitet, was darauf hindeutet, dass diese spektakulären Vorführungen nicht nur zur Belustigung des Publikums dienten, sondern vielmehr Teil einer kultischen Veranstaltung waren, zumal sie mit dem stark mit dem Kult assoziierten Stier in Zusammenhang standen.[137]

Abb. 35: Stiersprungfresko aus Knossos

---

137 Marinatos 1986.

Eine weitere künstlerische Darstellung einer vermutlichen Kulthandlung findet sich vielleicht auf einem Steingefäß aus Agia Triada, der sog. »Schnittervase«. Hier sind Männer und Frauen mit Ährenbündeln in einer festlichen Prozession dargestellt, die offenbar von Gesang und Musik (mit einem Flötenbläser und einem Sistrumspieler) begleitet wird. Möglicherweise handelt es sich bei dieser dargestellten (ländlichen?) Feierlichkeit um eine Art Umzug bei einem ›Erntedankfest‹, bei dem die dargestellten Menschen Ähren und Erntegeräte tragen. Es könnte sich dabei also um die Darstellung einer Zeremonie im Rahmen eines in ganz Kreta so oft anzutreffenden Fruchtbarkeitskultes handeln, der zu Ehren einer Vegetationsgöttin gefeiert wurde.

Abb. 36: Schnittervase (Sistrumspieler in der Mitte)

Möglicherweise ist auch die Abbildung zweier boxender Knaben auf einem der Fresken von Thera als Darstellung eines Teils einer Kultfeier – eventuell im Zusammenhang mit einem Initiationsritus (?) – zu interpretieren. Doch dies muss Spekulation bleiben, da es sich auch um eine

5.7 Minoische Religion

Darstellung jugendlicher Sportler – wie im späteren Griechenland – ohne kultischen Zusammenhang handeln könnte.[138]

Abb. 37: Die boxenden Knaben von Thera

In Ostkreta entwickelte sich hingegen ein Kult um einen männlichen Gott. Im Bereich des Palastes von Palaikastro, in dessen näherer Umgebung sich auch der kegelförmige Berg Petsophas mit einem alten Gipfelheiligtum befand, wurde eine Elfenbein-Statuette einer jugendlichen männlichen Gottheit mit Blitzbündel gefunden. Diese um 1400 geschaffene Statuette erinnert stark an frühe griechische Darstellungen des Gottes Zeus – in jugendlicher, bartloser Gestalt. Da nun in späterer Zeit in diesem Teil Ostkretas zudem eine Geburtsstätte des Zeus verehrt wurde,

---

138 Zu diesen Fresken siehe Doumas 1992.

119

besteht die – freilich nicht zu beweisen – Möglichkeit, dass es sich bei dieser Statuette um eine frühe, bereits minoische Darstellung des Zeus handelt.

5.8 Gräber und Bestattungen

In Kreta entwickelten sich verschiedene lokale Traditionen hinsichtlich der Gräber und damit verbunden der Bestattungsbräuche:[139] Im Süden der Insel, vor allem in der Mesara-Ebene waren in der Vorpalastzeit, ab FM I, als häufigster Grabtypus Tholosgräber aus Stein zu finden, die in Friedhöfen von drei bis neun Gräbern zusammengefasst waren. Diese Friedhöfe lagen gewöhnlich in der Nähe der Siedlungen, wobei die Grabeingänge jedoch von den Behausungen der Menschen abgewandt und zudem mit Steinen blockiert waren. Möglicherweise geschah die, um die Toten an einem Verlassen der Gräber zu hindern und es ihnen unmöglich zu machen die Häuser der Lebenden aufzusuchen.[140] Die Toten wurden in den Gräbern auf den Boden gelegt und mit Beigaben aller Art (Waffen, Werkzeuge, Gefäße, Schmuck) versehen. Auch fanden offenbar Speise- und Trankopfer in den Gräbern statt. Nach der Skelettierung des Leichnams wurden die Knochen allerdings ziemlich achtlos beiseite geräumt, um Platz für weitere Bestattungen zu schaffen. Steinplatten vor den Gräbern zeugen zudem von Kultaktivitäten, an denen wohl die gesamte Gemeinde teilgenommen hatte. Die deutlich sichtbaren Friedhöfe, die oft Jahrhunderte lang in Gebrauch blieben, hatten offenbar auch den Zweck, den Anspruch der jeweiligen Gemeinde auf das umliegende Gebiet deutlich zu kennzeichnen, da durch das Grabmaldokumentiert wurde, dass hier ein (hochrangiges) Mitglied der Gemeinde bestattet war, die Anspruch auf das betreffende Gebiet erhob.

---

139 Zum Thema »Bestattungen« siehe zusammenfassend Dickinson 1994, 212–220.
140 Zu den architektonischen Grabformen Mee 2012, 280 f.

5.8 Gräber und Bestattungen

Im Norden und Osten Kretas (vor allem in Mochlos und Gournia) herrschen hingegen rechteckige Steinbauten, die Häusern ähneln, als Grabanlagen vor. Die Schädel der darin Bestatteten wurden nach der Skelettierung sorgsam in Ossuarien (Beinhäusern) aufbewahrt. Zudem waren die Bestattungen ungewöhnlich reich, sodass man diese Gräber wohl als letzte Ruhestätten einer sehr wohlhabenden Elite ansehen muss. Wie die Tholosgräber diente auch die Hausgräber als Raum für Gruppenbestattungen, doch während in den Tholosgräbern ganze Großsippen oder Dorfgemeinschaften bestattet wurden, beherbergten die Hausgräber nur einzelne Familien der sozialen Oberschicht ihrer Gemeinden.[141] Besonders reiche Gräber fanden sich in der Umgebung von Malia und Knossos, sodass diese zuweilen als »Königsgräber« bezeichnet werden. Im Gebiet von Archanes in Mittelkreta fand offenbar eine Vermischung der beiden unterschiedlichen Grabtraditionen statt, da hier Tholosgräber und Hausgräbern zeitgleich auftraten,[142] eine Gepflogenheit, die sich bis ins Mittelminoikum, in die Zeit der »Älteren Paläste« erhalten hat.[143] Abgesehen von diesen beiden architektonisch hervorstechenden Grabtypen existierten beinahe überall in Kreta auch in den Felsen geschlagene Kammergräber, sowie Bestattungen in Sarkophagen (Larnakes) oder in großen tönernen Vorratsgefäßen (Pithoi). Letztere dienten wohl vor allem den ärmeren Bevölkerungsschichten als Gräber.

Aus Agia Triada stammt ein einzigartiges Zeugnis zum Kult in minoischer Zeit. Ein auf allen Seiten bemalter Sarkophag zeigt Szenen die zweifelsohne dem Totenkult angehören, die einzige ausführliche Darstellung des minoischen Begräbnisrituals. Zu dem – wohl hochrangigen – vor seinem Grab stehenden Verstorbenen werden Gaben getragen, während auf der einen Seite des Sarkophags Trankopfer dargebracht und auf der anderen Opfertiere herangeführt werden. Schließlich sind noch eine Priesterin mit Dienerinnen vor einem Altar dargestellt sowie zwei Göttinnen auf Wagen stehend, von denen einer von einem Greifenpaar gezogen wird. Bemerkenswert an diesen Darstellungen ist, dass trotz der Tatsache, dass es sich um einen männlichen Verstorbenen han-

---

141 Umfassend zu den »Haus-Gräbern« siehe Soles 1992.
142 Sakellarakis/Sapouna-Sakellaraki 1997.
143 Murphy 1998, 27–40.

delte, die Kultszene stark weiblich (Göttinnen, Priesterin, Dienerinnen) geprägt ist.[144]

Abb. 38: Sarkophag von Hagia Triada (Begräbnisszene)

5.9 Architektur und Kunst

Glanzstücke der minoischen Architektur sind zweifelsohne die Paläste und Villen Kretas.[145] Nicht zu leugnen ist hierbei, dass diese komplexen Bauten bis zu einem gewissen Grad durch Vorbilder aus dem Vorderen Orient beeinflusst waren, sich aber von diesen lösten und weiterentwickelten.[146]

Trotz des auf den ersten Blick regellosen Bauplans minoischer Paläste – immerhin gaben deren für die späteren Griechen verwirrende Grundmauern wohl den Ausschlag für die dem kretischen Heros Daidalos zugeschriebenen Idee zum Bau eines »Labyrinths« – besaßen diese minoischen Anlagen ein auf mathematischer Grundlage, vermutlich auf einem einheitlichen Maß, dem minoischen Fuß, beruhendes, durchgebildetes Konzept. Diese verschlungenen, kompliziert angelegten Bau-

---

144 Zum Sarkophag von Agia Triada siehe Long 1974.
145 Hitchcock 2000.
146 Vgl. Schoep 2004, 243–269 und Schoep 2006, 37–64.

strukturen folgten nämlich einem logisch durchdachten Bauplan, der zuallererst dem Grundsatz strikter Funktionalität folgte, die zunächst die für den Betrieb der Anlage praktikabelste Anordnung der Räume im Auge hatte, die dem Kultbetrieb, der Repräsentation, der Bewirtschaftung, der Administration einschließlich der Archivierung und der Lagerung dienten. Abgesehen von gewissen lokalen Unterschieden war bereits in der Älteren Palastzeit ein allen Anlagen gemeinsamer Plan in Ausrichtung und Anordnung der Grundbausteine vorhanden. Um eine zentrale Halle, die meist von einer starken Mittelsäule gestützt wurde, ordneten sich die übrigen Räume radial an, wie etwa im großen Gebäudekomplex von Myrtos zu sehen ist. Auch ist in dieser Zeit bereits oft der später für alle Paläste so bedeutende Westhof vorhanden, der einer größeren Öffentlichkeit Einblick und zu einem gewissen Grad auch die Teilnahme an (vor allem kultischen) Veranstaltungen innerhalb der Palastanlagen ermöglichte. Als herausragende Vertreter der minoischen Paläste seien hier nur – von der bereits besprochenen Anlage von Malia abgesehen – die Paläste von Knossos, als das unumstrittene Zentrum an der Nordküste Kretas, sowie Phaistos, als Beherrscher der fruchtbaren Messara-Ebene im südlichen Zentralkreta, eingehender erörtert.

Knossos

Der Ort, der um 6000 zum ersten Mal besiedelt wurde, verfügte über reichlich Wasser, fruchtbares Umland und hatte durch seine Nähe zur Küste Zugang zu den Schifffahrtsrouten der Ägäis. Im 5. Jahrtausend findet sich die erste geplante Siedlung, die lange Zeit (ca. 10 Bauschichten) genutzt wurde. Diese Siedlung wurde zunächst durch den Handel mit dem von den Kykladen kommenden Obsidian reich, später dann, ab FM II (um 2800), durch den Import und die Weiterverarbeitung von Bronze.

Ab FM III entstanden große Gemeinschaftsbauten (Speicheranlagen) und ein monumentales Gebäude, das als Sitz eines Herrschers interpretiert werden kann. Als dessen Nachfolgebau entstand um 2000 ein befestigter Palast mit Zentralhof, der vermutlich den politischen, kultischen und wirtschaftlichen Mittelpunkt eines ausgedehnten Gebietes bildete. Bereits in dieser Zeit bestanden intensive Kontakte zu den Großreichen

5 Kreta

im Ostmittelmeerraum, wie ein Gesandter des Pharao um 1900 in seinem Bericht bezeugt, der auf der Suche nach Gold und Gesteinen in Knossos empfangen wurde und Gastgeschenke – unter anderem eine Statue – mitbrachte. Am Beginn von MM II (um 1800) entstanden neben großen Magazinen nun luxuriöse Wohntrakte, Terrassierungen und der Komplex der Thronräume des Palastes. Dieser wurde um 1700 durch ein Erdbeben zerstört und sofort wieder aufgebaut. Dies geschah unter großem Aufwand, wie dem Bau von vierstöckigen Trakten, einem großen Treppenhaus und überreichem Schmuck mit Stuckböden und -wänden, Statuen und Fresken. Nach 1600 fiel der Palst einer neuerlichen Erdbeben- und Brandkatastrophe zum Opfer und wurde ebenfalls wieder aufgebaut. Aus dieser Zeit stammt eine Art Tempel, in dem sich deutliche Spuren auf die Opferung und die rituelle Verspeisung von Kindern fanden. Um 1450 wurde der Palast im Zuge von Kriegshandlungen von Mykenern teilweise zerstört und die Reste als Residenz benutzt, die um 1360 wiederum von Mykenern vom Festland niedergebrannt wurde und anschließend in noch kleinerem Maßstab weiter bewohnt wurde.

Abb. 39: Teil des rekonstruierten Palastes von Knossos

5.9 Architektur und Kunst

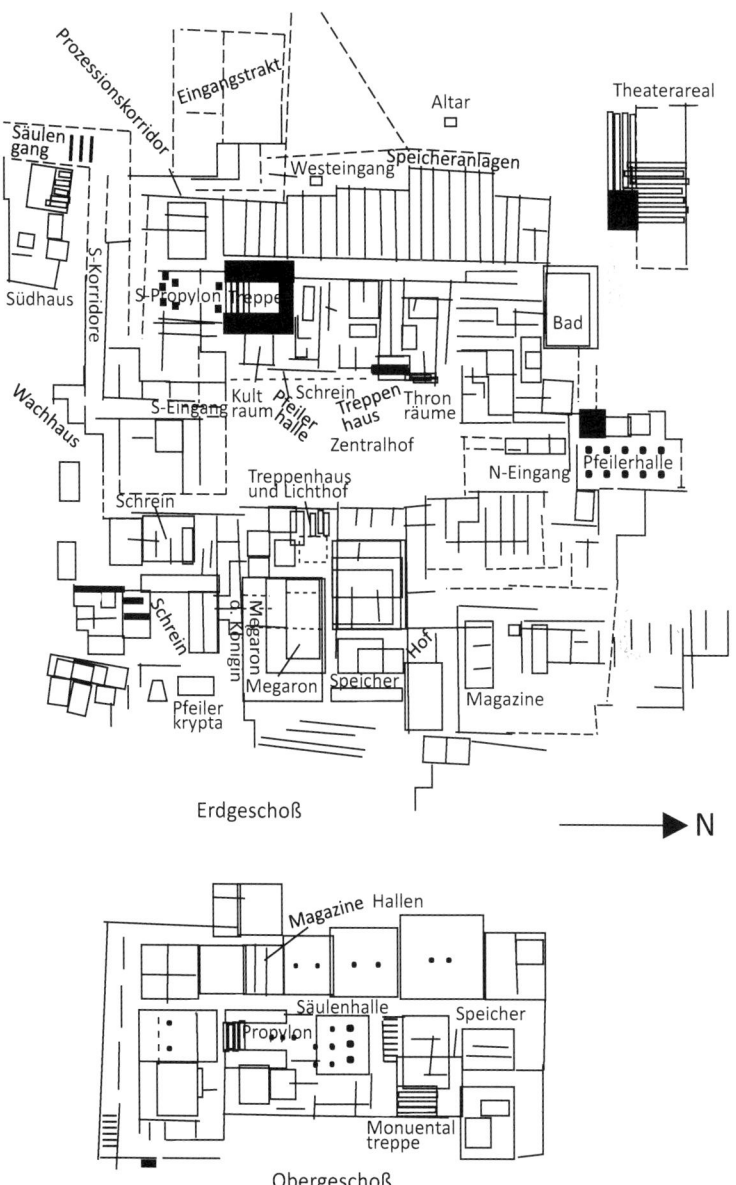

Abb. 40: Plan von Knossos

Beschreibung des Palastes von Knossos

Den Mittelpunkt der gesamten Palastanlage bildet der große Zentralhof. Diesen erreicht man durch einen Säulengang (mit Treppe) an der Südwestecke des Palastareals, über einen Südkorridor (flankiert von einem Wächterhaus) und den im rechten Winkel abbiegenden Südeingang. Durchquert man den Hof in seiner gesamten Länge, so gelangt man zum Nordeingang, an dessen Ausgang sich als monumentaler Abschluss des Palastes eine dreischiffige Pfeilerhalle befindet. Östlich des Zentralhofes liegt der Ostflügel des Palastes. Durch einen großen Lichthof mit einer Treppe und einer anschließenden Säulenhalle kommt man ins »Megaron des Königs«, neben dem das »Megaron der Königin« und ein Bad gelegen sind. Südlich davon findet sich der »Schrein der Doppeläxte« und eine Pfeilerkrypta. An der Westseite des Hofes schließt sich der größte Kulttrakt des Palastes an. Er besteht aus einem kleineren Kultraum, einer Pfeilerhalle und einem Schrein mit einer weiteren Pfeilerkrypta und einigen Depots. An diesen Trakt grenzt im Norden der Trakt der Thronräume, von denen kleine Treppen ins Obergeschoß führen. Das Thronraumsystem wurde in vier Bauphasen errichtet, beherbergte einen Steinthron, eine Säulenhalle und weitere Kulträume. Den nördlichen Abschluss dieses Traktes bilden einige kleinere Räume und ein Bad.

Die Westfassade des Palastes bildet ein riesiger Trakt von Magazinen und Speicheranlagen. Westlich davon liegt der große Westhof mit dem westlichen Eingangsgebäude und einem Prozessionskorridor. Über den schon erwähnten Süd-Korridor gelangt man zum monumentalen Südpropylon, das nicht zum Zentralhof führt, sondern von dem man über eine große Treppe ins Obergeschoß gelangt. Neben diesem Treppenhaus finden sich Kulträume, in denen zahlreiche Linear B-Tafeln gelagert waren. Das (rekonstruierte) Obergeschoß verfügte über eine große Halle mit Säulen und Pfeilern, insgesamt drei königliche Säle und angrenzende Magazine. Südlich der großen Halle befand sich ein Propylon und die (schon erwähnte) Treppe.

5.9 Architektur und Kunst

Schließlich sei noch das sog. Theaterareal erwähnt, das schon in MM I bestanden hatte und später mit monumentalen Schautreppen an der Süd- und Ostseite umgeben wurde. Dieses Areal dürfte als Ort für den Empfang des Herrschers sowie hochrangiger Gäste (Gesandte) gedient haben.

Phaistos

Abb. 41: Der Palast von Phaistos (Westhof mit Schautreppe); 17./16. Jahrhundert

Phaistos, dessen Besiedelung bis ins späte Neolithikum zurückgeht, war der wichtigste Ort in der fruchtbaren Messara-Ebene, dem größten ebenen Gebiet im Süden der Insel. Im Frühminoikum existierten aufgrund gestiegener Bevölkerungszahlen mehrere Siedlungskomplexe auf dem Boden des späteren Palastes. Der erste Palast entstand um 2000 in MM I, in welchem um einen Zentralhof alle anderen Räumlichkeiten mit kultischer, repräsentativer oder wirtschaftlicher Funktion gruppiert waren. Diesem baulichen Konzept folgten auch alle späteren Paläste von Phaistos. Bezeichnend für die künstlerischen Fähigkeiten von Phaistos in dieser Zeit sind die Mengen an hochwertiger Keramik (Kamaresware), die hier, wie auch in Knossos, gefunden wurde. Um 1700 wurde der erste Palast durch Erdbeben und Brände zerstört. Seine Reste wurden eingeebnet und auf diesen – vollkommen dem Konzept des alten Palastes folgend – der neue Palast errichtet, der erst um 1450 sein Ende fand.

Beschreibung des Palastes

An der Nordwestecke der Anlage befindet sich der große, wahrscheinlich einst von Säulen flankierte Obere Hof, der bereits im Älteren Palast angelegt und im Jüngeren weitergenutzt wurde. Eine Treppe führt nach Süden zum Westhof, dessen Nordseite eine Zuschauertribüne für zeremonielle Veranstaltungen besitzt. Durch ein Propylon im Süden dieses Hofes gelangt man in den Westflügel des Palastes und weiter durch einen Korridor in den großen Mittelhof. Nördlich des Korridors liegen Magazinräume (darunter ein Linear A-Archiv) und eine Halle. Im Norden schließt daran ein mächtiges Propylon, das von einer monumentalen Treppe aus betreten wird. Südlich des Korridors liegt ein offenbar gänzlich anders genutzter Trakt. Eine Art Pfeilerkrypta gehört ebenso wie die anderen – zum Teil mit Alabaster verkleideten – Räume dem großen Kulttrakt des Palastes an.

Im Osten des großen Mittelhofes befindet sich ein Trakt, der nur mehr in wenigen Teilen erkennbar ist. Dazu zählen ein Hauptraum mit angeschlossenem Lichthof sowie nördlich angrenzende Lagerräume. Im Norden des Mittelhofes gelangt man durch ein einst prächtig gestaltetes Tor in den Nordtrakt des Palastes. Hier liegen die königlichen Wohnräume mit zwei Höfen und den sog. »Gemächern der Königin«, die ein Obergeschoß und einen höher gelegenen Perstylhof sowie eine Halle und ein Bad umfassten. All diese Räume waren mit Stuck und Alabaster verkleidet und mit reichen Fresken geschmückt. Den Abschluss bildet die Halle, die sich in einer Kolonnade nach Norden öffnet.

5.9 Architektur und Kunst

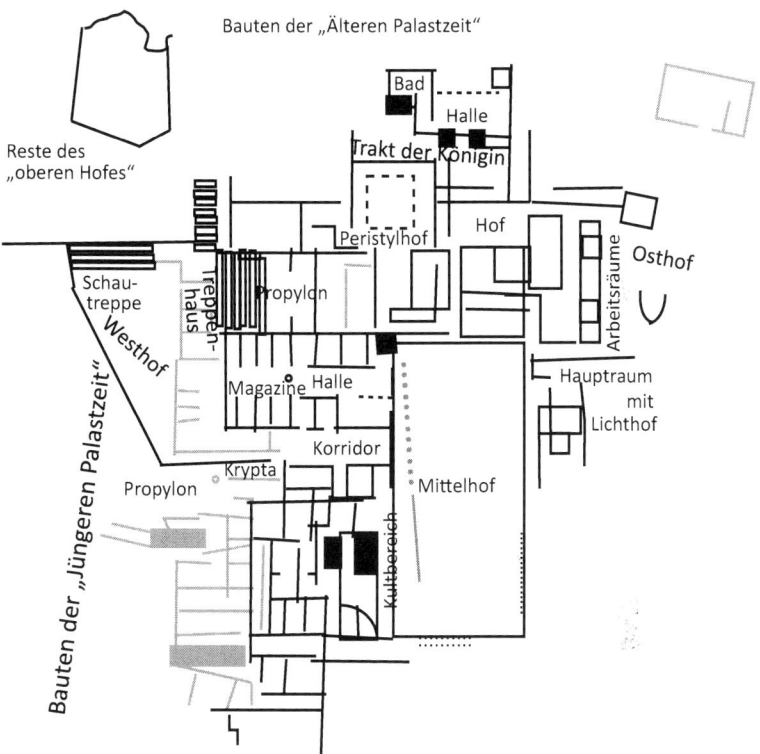

Abb. 42: Plan von Phaistos

Dem einheitlichen Konzept minoischer Anlagen (Knossos, Malia, Phaistos) widerspricht allerdings der ›Bauplan‹ von Vasiliki, da hier kein konzipierter Gebäudekomplex vorliegt, sondern die einzelnen Räumlichkeiten erst nach und nach an den Zentralraum angefügt wurden. Auch zeigen die einzelnen Bauphasen des Frühminoikums in Vasiliki (FM II a; II b1 und II b2) deutlich, daß sie auch in der Orientierung nicht den jeweiligen Vorgängerbauten folgten oder diese in einen Gesamtplan einbezogen. Gerade dieser Ort war allerdings führend in der Keramikherstellung und produzierte eine Ware von solcher Qualität und Verbreitung, dass sie die Leit-Keramik des Frühminoikums wurde und dementsprechend in der Forschung nach Vasiliki benannt wurde.

5 Kreta

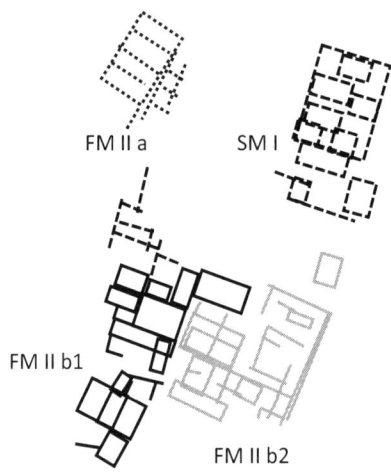

Abb. 43: Plan von Vasiliki

Auf jeden Fall zeugen Planung und Durchführung bereits der Frühen Paläste und Herrschaftssitze Kretas von stratifizierten und hierarchisch organisierten Gesellschaften, wobei allerdings anzumerken ist, dass nicht überall ein Palast für eine gesamte Region charakteristisch war, sondern zuweilen – wie besonders am Beispiel von Malia zu sehen ist – auch mehrere mit einander ›konkurrierende‹ palastähnliche Komplexe unterschiedlicher Größe an einem Ort existieren konnten.[147] Noch deutlicher ist die erwähnte einheitliche Konzeption bei den Jüngeren Palästen zu sehen, bei denen auch die einzelnen ›Flügel‹ der Anlage bestimmten (fast immer gleichen) Funktionen vorbehalten waren, wie z. B. der kultische Bereich jeweils im Nordwesten der Paläste. Typisch sind auch die durch Säulen in einen Hauptraum und einen Vorraum geteilten Hallen, von denen die meisten durch Korridore auch mit funktionell verwandten Räumlichkeiten verbunden waren, wie etwa der administrative Bereich mit den Archiven.[148] Zu den einzelnen Zentralräumen führten auch jeweils separate Eingänge von den Höfen des Palastes.

---

147 Schoep, 2006, 37–64.
148 Zu diesem architekomischen Konzept siehe Driessen 1982, 27–92.

Der Bewohner sowie der Besucher wurde durch die Abfolge von Gängen und Freiräumen, von Treppenhäusern, Fenstern und Türen sowie von Hallen, die abwechselnd mit Pfeilern und Säulen bestanden waren, durch den Palast geleitet, wobei die Ausstattung mit farblich wie thematisch durchdachten Fresken und dem berücksichtigten Lichteinfall zusätzlich die optische Wirkung des Palastes verstärkte.

Neben der Architektur ist die *Keramik* ein weiteres augenfälliges Kennzeichen des hochwertigen kretischen Kunstschaffens. Bereits in mittelminoischer Zeit wurde die Kamares-Ware entwickelt, eine sehr dünnwandige Keramik, die sich durch rote, weiße und schwarze florale Motive auszeichnete und möglicherweise an die Erzeugnisse der kretischen Webkunst angelehnt ist.[149] Diese Keramik war nicht nur in Kreta verbreitet, sondern offenkundig auch für den Export bestimmt, da sich Kamares-Gefäße allenthalben im östlichen Mittelmeerraum finden lassen, vor allem in Ägypten. Einen ähnlichen Stellenwert nahm zu Beginn der spätminoischen Zeit die Keramik des sog. »Meeresstils« ein. Diese Keramik, benannt nach den bevorzugten Motiven aus der Meereswelt, wie Fischen, Oktopoden und Tintenfischen, war gleichfalls technisch und künstlerisch besonders hochwertig und ein ebensolcher ›Exportschlager‹ wie Jahrhunderte zuvor die Kamares-Ware. Auch sie erreichte alle Regionen des östlichen Mittelmeerraumes. Zudem beeinflusste sie auch lokale Stile – also gewissermaßen Nachahmungen –, besonders im mykenischen Griechenland.

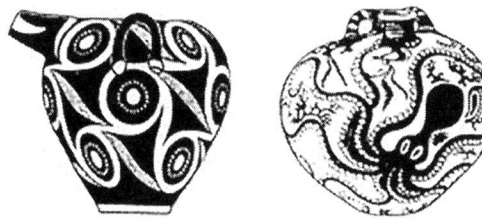

Abb. 44: Keramik im Kamaresstil MM II (links) und Meeresstil SM I B (rechts)

---

149 Zu dieser Keramik siehe Walberg 1976.

Die harmonische Verbindung von künstlerischem Sinn für das kleinste Detail und verblüffenden technischen Fähigkeiten zeigt sich besonders in den Arbeiten der kretischen Gold- und Silberschmiede. Mannigfache Techniken – wohl bereits in der Vorpalastzeit aus Ägypten und dem Vorderen Orient übernommen – zeigen sich in unterschiedlichen Werken der Schmiedekunst: in Siegelringen, Amuletten, (Kult-)Gefäßen, Diademen und allen Formen von Schmuckstücken. Als vielleicht bekanntestes Beispiel hierfür seien die goldenen Bienen von Malia genannt. In diesem Anhänger vereinigen sich äußerst genaue Naturbeobachtung und deren symmetrisch-künstlerische Umsetzung mit den komplizierten Techniken der Filigranarbeit, der Verarbeitung dünnster Golddrähte und der Granulation, dem Auflöten kleiner Goldperlen auf goldenem Untergrund.

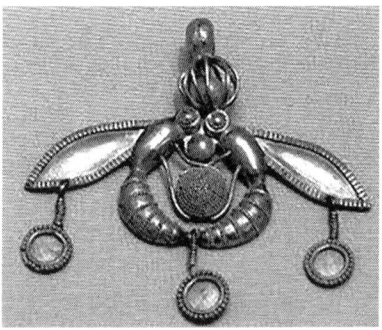

Abb. 45: Die Biene von Malia

Schließlich sei als herausragendes Beispiel minoischen Kunstschaffens noch die Glyptik erwähnt.[150] Schon in der Vorpalastzeit finden sich Beispiele der Bearbeitung von Stein in Form von Gefäßen, die offensichtlich Nachahmungen von Metallarbeiten darstellen. In der Palastzeit waren es vor allem Steinsiegel in Kleinstformat mit sowohl abstrakten als auch naturalistischen Motiven, wie menschlichen Gestalten und Tieren, die von der hohen künstlerischen Technik der minoischen Glyptik zeu-

---

150 Hierzu Warren 1969.

gen. Als Beispiel sei hier nur das Achatsiegel eines kretischen Priesters aus dem Tempel von Anemospilia am Juchtas genannt, das einen Mann am Ruder darstellt.

5.10 Seefahrt und Schiffe

Im Abschnitt über die historische Entwicklung Kretas in der Mittleren Bronzezeit wurde bereits der Begriff der »Minoischen Thalassokratie« erwähnt. Diese Bezeichnung bezieht sich vor allem auf die Tatsache, dass Kreta ab dieser Zeit weit ausgedehnte Handelsbeziehungen im östlichen Mittelmeerraum unterhielt und minoische Waren und Produkte das griechische Festland, die Kykladen und die Westküste Kleinasiens erreichten, später sogar bis in den Schwarzmeerraum, an die Levanteküste und nach Ägypten gelangten. Umgekehrt gilt Ähnliches für Produkte – sowohl für Rohstoffe als auch für verarbeitete Waren – aus all diesen Gebieten, die in Kreta (nicht nur in die Paläste) importiert wurden.[151] Diese weitgestreute Verteilung der Herkunfts- und Bestimmungsorte unterschiedlicher Waren über den langen Zeitraum von mehreren Jahrhunderten bezeugt die Existenz von regelmäßig frequentierten Wandelwegen, auf denen die Waren über das Meer transportiert wurden. Es ist hier nicht der Ort, genauer auf den Verlauf dieser prähistorischen Seewege einzugehen, doch sei festgehalten, dass die Route von Ägypten entlang der Levante und der Südküste Kleinasiens besonders stark befahren war. Hier trennte sich der Seeweg nach Zypern von dem, der entlang der kleinasiatischen Westküste und weiter nach Norden bis ins Schwarze Meer führte. An der Südwestecke Kleinasiens zweigte eine Route nach Kreta, zu den Kykladen und zum griechischen Festland ab; die Westküste Kleinasiens konnte jedoch auch von Kreta und dem Festland auf dem Weg durch die Kykladen erreicht werden. Über die Kykla-

---

151 Ausführlich zum Charakter und der archäologischen Evidenz minoischer Handelsbeziehungen siehe. Dickinson 2001, 241–256.

den führte schließlich auch ein direkter Seeweg von Kreta zum griechischen Festland. Nicht eindeutig zu beantworten ist die Frage nach den Transporteuren der verschiedenen Waren, also: auf welchen Schiffen mit welchen Ausgangshäfen fanden diese zum Teil sehr ausgedehnten Handelsfahrten statt?

Für die mykenische Zeit kennen wir zwei Schiffsfunde – am Kap Gelydonia und bei Uluburun (beides an der Südküste Kleinasiens –, die eine Herkunft der Schiffe aus Zypern bzw. einem Ort an der Levanteküste belegen (hierzu ausf. in Kap. 7). Nun kann wohl kein Zweifel darüber bestehen, dass diese beiden Gebiete ebenso wie Ägypten und Orte an der Westküste Kleinasiens (einschließlich Troias) in der Lage waren, schon ab der Mittleren Bronzezeit Handelsschiffe ins gesamte östliche Mittelmeer zu entsenden. Ähnliches gilt wohl auch für Kreta, zumal nicht anzunehmen ist, dass etwa kretische Waren von anderen Schiffen als kretischen ins Kykladengebiet und zum griechischen Festland transportiert wurden. Denn in dieser Zeit liefen weder festländische Schiffe noch solche von den Kykladen Kreta an. Auf jeden Fall hatten alle eben genannten Gebiete, einschließlich Kretas, vehementes Interesse daran, dass die Handelswege sicher und vor allem von Piraten ungefährdet befahren werden konnten. In den jeweils eigenen Gewässern werden demnach die Handel-treibenden Städte und Regionen dafür gesorgt haben, dass der Seehandel ungefährdet betrieben werden konnte. Im Falle Kretas bedeutet dies, dass die Minoer abgesehen von den Küstenstrichen der Insel selbst das Meer bis zum griechischen Festland, das gesamte Kykladengebiet, die Routen bis zur kleinasiatischen Westküste sowie in die Nähe der nordafrikanischen Küste wegen der Piraterie der Inselbewohner sichern und somit unter minoische Kontrolle bringen mussten. Für die Sicherung der Routen mussten deshalb auch Häfen außerhalb Kretas selbst von den Minoern besetzt und kontrolliert werden. Solche Stützpunkte legten die Minoer – wie bereits oben im Abschnitt über die Kykladen erwähnt – an einigen Inseln der Kykladen bereits am Ende der Frühen Bronzezeit an; von solchen gesicherten Plätzen aus waren sie in der Lage, nicht nur die Seewege durch die Inseln sondern zum Teil auch die Inseln selbst zu überwachen. Eine Maßnahme zur Sicherung der Seefahrtsrouten bestand in der Anlage von gesicherten Landemöglichkeiten und militärisch gesicherten Stützpunkten entlang der jeweiligen Route. Natürlich bedurfte es in erster Linie ausgebauter Hafenanlagen in Kreta selbst. So sind zwar die meisten Paläste der Minoer nicht direkt am Meer gelegen, doch verfügten sie jeweils über einen guten Hafen in der Nähe, wie etwa Knossos, dessen Hafen unzweifelhaft Amnissos war – eine Tatsache, die noch zur Zeit der mykenischen Herrschaft über Knossos bestehen blieb, wie auch einige Linear B-Tafeln deutlich belegen. Zumindest ein Palast wurde mit integriertem Hafen (für die Routen nach Ägypten und in die Levante) konzipiert: Kato Zakro. Hierbei ist es allerdings nicht auszuschließen, dass der Hafen von Kato Zakro schon vor der Entstehung des dortigen Palastes als Schiffsanlegestelle für die etwas weiter von der Küste entfernten älteren Bauten von Ano Zakro gedient hat.

Für die Maßnahmen zur Sicherung der Handelsrouten bedurfte es allerdings der entsprechenden militärischen und technischen Mittel: Soldaten und Schiffe. Eine militärische Aktion minoischer Krieger dürfte ein Fresko aus Raum 5 des Westhauses von Akrotiri auf Thera/Santorin zeigen. Auf einigen der um 1600 entstandenen Wandgemälde dieses Hauses sind kretische Soldaten mit langen Lanzen und großen rechteckigen Schilden zu sehen, die in Formation am Strand marschieren, den sie offenbar auf ihren Schiffen erreicht hatten. Zudem sind Gefangene – deutlich als Nichtkreter erkennbar – abgebildet, während in Raum 5 eine Art ›Schiffsprozession‹ zu sehen ist. Der Zusammenhang der Darstellungen könnte daher dahingehend zu deuten sein, dass minoische Soldaten auf ihren Schiffen einen militärischen Schlag zur See (oder über das Meer) gegen Feinde – vielleicht Piraten – durchgeführt haben und die Schiffe gerade siegreich nach Thera – oder vielleicht nach Kreta – zurückkehren. Die Hauptszene zeigt neben einigen kleinen Booten acht minoische Schiffe, die von einem Hafen (am linken Rand des Freskos) zu einem anderen (auf der rechten Seite der Szenerie) unterwegs sind. Zu den beiden Häfen gehört jeweils eine Stadt und deren Bewohner, wobei die Stadt auf der rechten Seite – also der Zielort – deutlich größer und architektonisch aufwendiger mit mehrstöckigen Gebäuden dargestellt ist als der Ort links im Bild. Zudem verfügte die rechte Stadt sogar über zwei Häfen sowie über eine im Zentrum des Ortes liegende große Schautreppe, die stark an die in minoischen Palästen erinnert. Nicht zuletzt dieses Detail des Bildes lässt die Vermutung zu, dass es sich bei der rechten Stadt, deren Bewohner am Hafen die siegreichen Schiffe erwarten und mit einem mitgeführten Opfertier in Empfang nehmen, nicht um einen Ort auf Thera – keiner von diesen verfügt nämlich nach unserer Kenntnis über eine monumentale Schautreppe – sondern um eines der kretischen Zentren handelt, wohl um Knossos.[152]

Abb. 46: Ausschnitt aus dem Schiffsfresko von Thera

Nun zu den Schiffen selbst: Auf dem Fresko sind insgesamt acht Schiffe unterschiedlicher Größe aber ähnlicher Bauart abgebildet. Drei dieser Schiffe tragen mittschiffs einen Mast, waren also offenbar in der Lage ein Segel zu tragen, nur eines hat jedoch ein (sehr breites) Rahsegel gehisst. Alle übrigen Schiffe sind – je nach Länge – mit einer unterschiedlichen Anzahl von Riemen ausgestattet. Die beiden nicht besegelten, aber mit Mast versehenen Schiffe dürften das Segel herabgelassen haben und tragen es wohl nun gerefft am unteren Viertel des Mastes über den Köpfen der Besatzung. Auch bei den anderen fünf Schiffen ist etwas Ähnli-

---

152 Denkbar wäre freilich auch, daß es sich bei den dargestellten Orten nicht um real existierende Städte handelt sondern um stilisierte Örtlichkeiten.

ches über den Köpfen der Menschen dargestellt, wobei es sich ebenfalls um gereffte Segel handeln könnte.[153] In diesem Fall müssten jedoch die (nicht abgebildeten) Masten umgelegt worden sein, was bei den meisten Kriegsschiffen der Antike auch ohne weiteres möglich und durchaus üblich war. Unter dieser Annahme würde es sich demnach bei allen acht Schiffen um Fahrzeuge handeln, die – je nach Bedarf – sowohl durch Segel als auch durch Riemen angetrieben werden konnten. Sechs dieser acht Schiffe sind annähernd gleich groß während zwei, darunter das mit dem aufgezogenen Segel, kleiner sind. Die sechs großen Schiffe wiesen – aufgrund von anhand der bildlichen Darstellung vorgenommenen Rekonstruktionen – eine Länge von etwa 23 Metern auf und hatten eine Breite von ca. fünf Metern, die beiden kleineren hatten wohl die Maße 17 mal 3 bzw. 10 mal 2 Meter. Gesteuert wurden die Schiffe mittels eines an der rechten Seite des Schiffes befindlichen langen Steuerruders, das von einer aufrecht stehenden Gestalt bedient wurde. Für den Antrieb der Schiffe dienten (vermutlich bei allen) ein Rahsegel, dessen Mast umgelegt werden konnte, sowie – wenn notwendig – eine Reihe von Riemen. Die größten Schiffe hatten hierzu über vierzig Ruderer an Bord.

Allen acht Schiffen ist im Grunde die gleiche Bauweise zu eigen. Sie sind relativ flach mit geringem Tiefgang und niedriger Bordwand; sowohl Bug als auch Heck sind ziemlich hochgezogen. Am Heck befindet jeweils eine kleine an den Seiten mit Fellen verkleidete, sonst jedoch offene Kajüte, vielleicht der Aufenthaltsort des Kapitäns. Der Hecksteven der größeren Schiffe ist mit einer aufgrund ihrer Größe auffallenden (wohl geschnitzten) Raubtierdarstellung geschmückt, während der lang auslaufende Vordersteven eine florale Dekoration trägt. Der auffallendste und am schwierigsten zu erklärende Teil des Schiffes befindet sich am Heck, genauer gesagt unterhalb des Heckstevens. Es handelt sich hierbei um einen spitz zulaufenden Fortsatz, der auf den ersten Blick an einen Rammsporn erinnert. Ein solcher macht natürlich am Heck eines Schiffes keinen Sinn. Rekonstruktionsversuchen zufolge bestand dieses Teil aus einem flachen waagrecht fest mit dem Schiffskörper verbundenen Brett, das wohl zur seitlichen Stabilisierung des Fahrzeuges

---

153 Meist wird dies jedoch als seine Art Baldachin gedeutet.

bei stärkerem Wellengang gedient haben könnte. Eine solche war wohl deshalb vonnöten, weil das Schiff wahrscheinlich über keinen echten Kiel verfügte.

Auf jeden Fall erlaubte es die Bauweise der Schiffe, dass eine ziemlich große Ladung transportiert werden konnte und die Schiffe somit als Handelsschiffe einsetzbar waren. Es konnten jedoch auch beachtliche Mengen von Soldaten an Bord genommen werden, sodass sich die Schiffe auch für maritime militärische Aktionen eigneten, zumal sie einerseits durch die Segel sehr rasch auch große Entfernungen überwinden, andererseits aber bei Flaute durch die Ruderer bewegt werden konnten. So konnten sie eine gewisse Wendigkeit aufwiesen, die es den Minoern erlaubte, auch die flinken Piratenschiffe der Kykladenbewohner und anderer Seeräuber zu bekämpfen. Man kann somit annehmen, dass dieser Schiffstyp sowohl für den Handel als auch für den militärischen Einsatz das ›Arbeitspferd‹ der minoischen Flotten darstellte.[154]

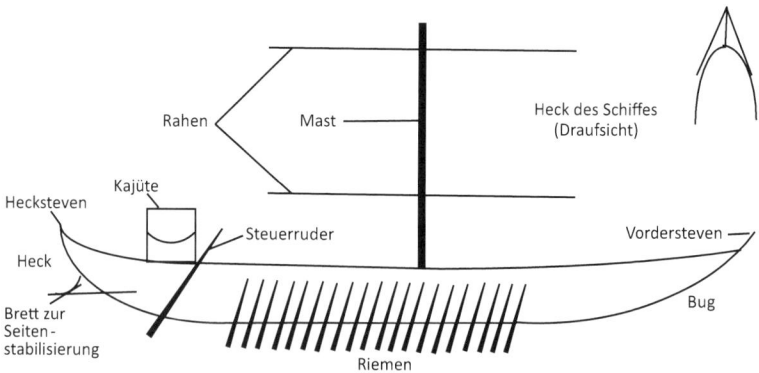

Abb. 47: Schematische Skizze eines minoischen Schiffes nach dem Fresko von Thera

---

154 Aus der umfangreichen Literatur zum Schiffsfresko von Thera seien hier nur die grundlegenden bzw. jüngsten Publikationen genannt: die grundlegende Studie von Marinatos 1974, 140–151; Morris, 1989, 511–535; Strasser/Chapin 2014, 57–66.

6 Aigina

Periodisierung

Neolithikum: Schicht I (ca. 3000 bis 2500)
Fühe Bronzezeit: Schichten II (bis 2400), III (bis 2300), IV (bis 2200), V (bis 2050), VI (bis 2000)
Mittlere Bronzezeit: Schichten VII (bis1900), VIII (bis 1800), IX (bis 1650)
Späte Bronzezeit: Schicht X (bis 1000)

Abb. 48: Lage der Insel Aigina im Saronischen Golf

6 Aigina

Eine Mittelstellung und auch eine Vermittlerrolle zwischen Kreta und den Kykladen einerseits und dem griechischen Festland andererseits nahm in prähistorischer Zeit die Insel Aigina im Saronischen Golf ein. Das natürliche Zentrum Aiginas bildete zu allen Zeiten die an der Westseite der Insel an einem geschützten Hafen gelegene Siedlung auf dem Kolonna-Hügel.[155] Diese vor allem bronzezeitliche Stätte weist zehn Bebauungsschichten auf, von denen die Schichten III, V, VI. VIII und X in jeweils zwei Sub-Phasen unterteilt sind. Von diesen Schichten gehören die Phasen I bis VI (früh) dem Endneolithikum bzw. der frühen Bronzezeit an, während die Phasen VI (spät) bis IX in die mittlere und X bereits in die späte Bronzezeit datieren.[156]

Erste Besiedelungsspuren finden sich auf dem Kolonna-Hügel bereits in der Endphase des Neolithikums (Siedlung I) und gehören der auf den Kykladen nachweisbaren Kephala-Kultur an, was vor allem an der Keramik ersichtlich ist.

Diese frühe Siedlung zeigt deutlich Beziehungen zu den Kykladen und Thessalien, hatte (in den Importen nachweisbar) aber auch Kontakte zu Attika und der Argolis, was aufgrund der geographischen Nähe auch zu erwarten ist. In der frühen Bronzezeit sind in den Siedlungen II und III dann neben Einflüssen von den Kykladen auch solche aus dem Osten, aus der Levante und Anatolien nachweisbar. In der Siedlung III entstand erstmals ein deutlich sich von den anderen Gebäuden abhebendes großes, freistehendes Korridorhaus (das sog. »Weiße Haus«), das aus Lehmziegeln auf einem Steinsockel errichtet worden war. Befestigungsanlagen wie Mauern und Bastionen gab es zu dieser Zeit noch nicht. Der Endphase der Frühen Bronzezeit gehören schließlich die Siedlungen IV, V und VI an, von denen die letzte bereits in die Mittlere Bronzezeit überleitet: Die Siedlung IV, die bruchlos auf die Siedlung III folgte, weist nun bereits eine eigenständige metallurgische ›Industrie‹ auf und unterscheidet sich in der Keramik deutlich von den früheren Phasen.

---

155 Dickinson 2001, 240–242.
156 Als Überblick über den Stand der archäologischen Forschung auf Aigina siehe Gauss 2012, 738–751 sowie als leicht fassliche immer noch informative Darstellung Walter 1983

Die darauffolgende Siedlung V weist nun eine bemerkenswerte Einzigartigkeit auf: Sie besaß eine Umfassungsmauer mit Bastionen und strategisch angelegten Zwingertoren. Diese Fortifikationen machen sie zur absoluten Ausnahme in dieser Endphase der Frühbronzezeit (um 2200). Die Gebäude der Siedlung gruppierten sich eng aneinander gebaut in Blöcken und befanden sich unmittelbar hinter der Befestigungsmauer. In den 60 bis 70 Häusern dieser ummauerten Stadt finden sich zahlreiche Importstücke, die vornehmlich aus der Peloponnes stammen und starke Ähnlichkeiten mit der Ware aus der frühhelladischen Siedlung von Lerna (der Phase FH III) aufweisen. Etwa drei Jahrhunderte nach ihrer Erbauung wurde diese erste befestigte Siedlung auf Aigina durch einen verheerenden Brand zerstört.

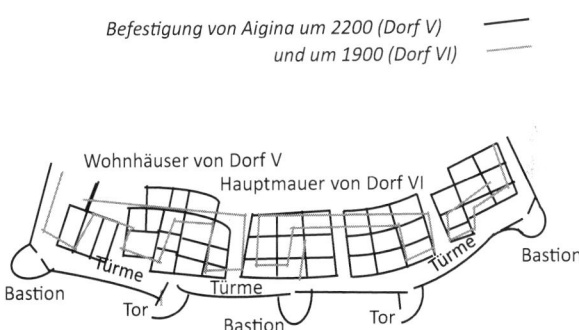

Abb. 49: Plan der Befestigung von Dorf V um 2200 und VI um 1900

Die bald danach folgende Siedlung VI stellte den äußeren Mauerring in beinahe identischer Weise wieder her, benutzte aber die dahinterliegenden Hausruinen als Fundamente für einen massiven zweiten (inneren) Befestigungsgürtel, so dass die ursprüngliche Ummauerung nunmehr als eine Art Vorwerk für die eigentliche Verteidigungsmauer diente. Durch diese neue Konzeption der Verteidigungsanlagen verringerte sich jedoch das für die Bebauung mit Wohnhäusern zur Verfügung stehende Areal der Siedlung beträchtlich, so dass nunmehr lediglich 45 bis 55 Gebäude im Inneren der Anlage Platz fanden. Diese Stadt, die neben dem griechischen Festland auch durch Importe belegbare Kontakte zu den Kykladen hatte, bildete den bruchlosen Übergang in die Mittlere Bronzezeit und wurde ebenfalls durch Brände zerstört. In der Mittleren Bronzezeit, der die Siedlungen VII, VIII, IX und X angehören, wurden die Verteidigungsanlagen der Stadt VI ständig erweitert, ausgebaut und verbessert; so schützten turmartige Bastionen aus unbehauenen Steinblöcken die Haupttore der Stadt und nur über gewundene Zugangswege durch die innere Mauer konnte die Siedlung erreicht werden. Im Inneren der Stadt zeugen große Gebäudekomplexe, errichtet aus gewaltigen Steinblöcken, vom Reichtum und ebenso der gesellschaftlichen und politischen Bedeutung ihrer Bewohner. Bezeichnend und wohl auch mitverantwortlich für den gestiegenen Wohlstand, der sich unter anderem in großen Mengen importierter minoischer Keramik niederschlug, waren die Handelsbeziehungen zu Kreta und den Kykladen. Auch die lokale Keramikproduktion erreichte mit dem Auftreten der charakteristisch mattbemalten aiginetischen Ware eine Blüte, einer Keramik, die ihrerseits in den gesamten Ägäisraum exportiert wurde. In der Siedlung IX trat zum ersten Mal minoisierende Keramik, also Nachahmungen kretischer Ware, aus lokaler Produktion auf. Bemerkenswert ist hierbei vor allem die Tatsache, dass im Unterschied zu früherer lokaler Keramik diese minoisch gestalteten Gefäße auf der Töpferscheibe hergestellt wurden. Dieser deutliche technologische Fortschritt ist wohl auf einen Technologietransfer aus Kreta zurückzuführen, wobei es jedoch offenbleiben muss, ob lediglich die handwerklichen Kenntnisse aus Kreta übernommen wurden, oder aber, ob vielleicht auch kretische Handwerker selbst in Aigina tätig waren. Jedenfalls ist generell eine starke Minoisierung der sozialen Oberschicht der sich immer weiter ausdehnenden Stadt festzustellen, was ebenso den massiven kretischen Einfluss zeigt, wie das Auftreten einer ausgebildeten Verwaltungsbürokratie, die sich nunmehr in der häufigen Verwendung von für die Warenkennzeichnung nötigen Siegeln niederschlug. Deutliches Zeichen für die gestiegene Einwohnerzahl ist der archäologische Befund, demzufolge viele Gebäude direkt an die ohnehin schon weiter ausgedehnten Stadtmauern angebaut wurden, um den zur Verfügung stehenden Raum intensiver nutzen zu können.

In der späten Bronzezeit, der mykenischen Zeit, erfolgte ein weiterer Ausbau der Stadt, die nun von einer Kyklopenmauer umgeben war, wie andere mykenische Orte auf dem Festland auch. In dieser Epoche hatte die Stadt zwar immer noch einen hohen Stellenwert – vor allem als Handelszentrum – und aiginetische Keramik wurde weiterhin in viele Regionen der mykenischen Welt exportiert, doch ist ein gewisser Niedergang der Siedlung nicht zu übersehen. Aigina verlor offenbar an Bedeutung zugunsten der aufstrebenden mykenischen Stätten in der Peloponnes (vor allem in der Argolis) und in Attika. Dies zeigt sich unter anderem daran, dass sich in Aigina nie ein Palast wie in den genannten benachbarten Landschaften entwickelte. In der Nach-Palast-Zeit und in nachmykenischer Zeit wurde die Siedlungsstätte auf dem Kolonna-Hügel allmählich verlassen.

Zusammenfassend ist festzuhalten, dass in Aigina-Kolonna neben Kreta eines der ältesten Beispiele einer deutlich stratifizierten Gesellschaft im ägäischen Raum existierte. Aigina war ein wirtschaftliches und (handels-)politisches Zentrum in der Mittleren Bronzezeit, wie es sonst nur in Kreta, nicht aber auf den Kykladen, oder dem Festland existierte.[157] Die Blüte der Insel fiel klar in diese Zeit. Jedoch hatte Aigina seine Bedeutung als Drehscheibe des Handels auch in der Frühen und Späten Bronzezeit, eine Rolle, welche die Insel auch in historischer Zeit (vom 8. bis zum 5. Jahrhundert) lange innehatte.

---

157 Niemeier 1995, 73–80.

7 Das griechische Festland

Periodisierung

Mesolithikum: bis ca. 7000
Präkeramikum: 7000–6500
Frühneolithikum: 6500–5800
Mittelneolihikum (Sesklokultur): 5800–5300
Spätneolithikum I (Tsanglistufe): 5300–4300
Spätneolithikum II (Diminikultur): 4300–3700
Endneolithikum (Rachmaniphase): 3700–3200/2900

7.1 Mesolithikum

Im Mesolithikum Im Mesolithikum existierten verschiedene Siedlungsplätze in Griechenland, die erstmals eine dauerhafte Besiedelung aufwiesen. Der wichtigste Fundplatz ist die Franchthi-Höhle an der Küste der südlichen Argolis, die schon im Paläolithikum bewohnt war, sowie die Sidari-Höhle auf der Insel Korfu. Die dünne Besiedlung war allerdings nur auf Küstengebiete beschränkt. Das Mesolithikum erschien also nicht überall, wo es Paläolithikum einerseits und Frühneolithikum andererseits gab. Die Bevölkerung, die neue Technologien wie die Herstellung von kleinsten Steingerätschaften (Mikrolithen) beherrschte, war hinzugezogen, lebte von Jagd und Fischfang und hinterließ die ers-

7.1 Mesolithikum

○ mesolithische Fundplätze • neolithische Fundplätze

Abb. 50: Griechenland im Meso- und Neolithikum

ten in Griechenland nachweisbaren Bestattungen. Neben der beginnenden Kultivierung wildwachsender Pflanzen importierten die Bewohner bereits Obsidian von der 150 km entfernten, damals unbesiedelten Insel Melos – sie betrieben demnach bereits eine Form von Seefahrt (mit Booten).[158]

Vom Mesolithikum führt ein bruchloser Übergang zu den neolithischen Kulturen des griechischen Festlandes, wobei die Fundplätze meist jedoch keine Kontinuität aufweisen (mit Ausnahme Franchthi).[159] Die Neolithisierung, die eine völlig neue Wirtschaftsweise mit Ackerbau

---

158 Damals war der Meeresspiegel der Ägäis etwa 40 m (!) tiefer; eine Landbrücke nach Melos gab es zwar nicht, eine einfache Fortbewegung von Insel zu Insel war aber sicherlich möglich.
159 Umfassend zur Erforschung des Neolithikums in Griechenland siehe Alram-Stern 1975–1993, 1. Bd. Einen guten Überblick über die Ägäische Frühzeit bietet Rutter http://www.dartmouth.edu/.

und Viehzucht als wesentlicher Ernährungsgrundlage sowie die in den meisten Gebieten Griechenlands feststellbare Sesshaftigkeit und einen Wandel der sozialen Verhältnisse mit sich brachte, geht deutlich auf Einflüsse aus Anatolien zurück, woher auch Steinbearbeitungstechniken und die Herstellung von Keramik übernommen wurden. In der Forschung ist es allerdings umstritten, ob diese Veränderungen aufgrund eines durch Handel geförderten Kulturtransfers zustande gekommen sind, oder aber durch Migrationen von Gruppen aus dem Osten nach Griechenland.[160] Für die zweite Meinung spricht vielleicht die Tatsache, dass ab dieser Zeit sowohl in Griechenland als auch auf den ägäischen Inseln und in Kleinasien eine gleiche oder zumindest ähnliche (nichtindogermanische) Sprache verbreitet gewesen sein dürfte, die in allen Gebieten lexikalisch ihre Spuren hinterlassen hat, vor allem aber in Ortsbezeichnungen und Personennamen. Festzuhalten ist jedenfalls, dass das Neolithikum in Griechenland in einer voll entwickelten Form mit all seinen Ausprägungen in Ackerbau, Viehzucht, Hausbau, Keramik und Werkzeugbearbeitung auftritt, was eine allmähliche Entwicklung auf griechischem Boden ausschließt und klar auf ein Eindringen von außen hinweist.

Deutlich sind jedenfalls zwei Kulturprovinzen zu unterscheiden:[161] Das südliche Makedonien und besonders Thessalien, wo von Anfang an rein neolithische Formen in der Steinbearbeitung vorherrschen, und die Peloponnes, wo eine Mischung aus mesolithischen und neolithischen Elementen zu konstatieren ist. Dies lässt den Schluss zu, dass die Neolithisierung Griechenlands von Norden nach Süden vonstattenging und die Peloponnes gewissermaßen von Thessalien aus ›kolonisiert‹ wurde[162]. Das Präkeramikum (ca. 7000–6500) zeigt nur wenige Fundplätze – meist als früheste Phasen tellartiger Siedlungshügel, die *Magoulen* in Thessalien oder Toumbas in Makedonien. Erstmals wurde neben Jagd und Fischfang auch Landwirtschaft und Viehzucht (Schafe, Zie-

---

160 So zuletzt Perlès 1993, 9–16.
161 Alram-Stern 1996, 190 f.
162 Während im Süden Griechenlands mesolithische und neolithische Formen gleichermaßen existieren, finden sich in Thessalien hauptsächlich neolithische

gen) betrieben. Allerdings ist die Existenz einer präkeramischen Phase in der Forschung zunehmend umstritten, sodass bei Verzicht auf diese Bezeichnung diese Zeit lediglich als älteste Phase des Früh-Neolithikums anzusehen wäre.[163]

7.2 Neolithikum

Das *Früh-Neolithikum* (6500–5800) zeigt Siedlungen mit Lehmarchitektur und Reisighütten (wichtigster Fundplatz: Argissa-Magoula in Thessalien). Die Siedlungen sind durch Wall und Graben gesichert und wurden oft auf Anhöhen errichtet. Ähnlichkeiten mit zeitgleichen Siedlungen von Çatal Hüyük, Ras Schamra und Tell Halaf sind vorhanden, doch handelt es sich wohl um eine eigenständige Entwicklung auf griechischem Boden. Diese recht einheitliche Kultur weist eine gesteigerte Werkzeug-Produktion auf (Stichwort: Steinäxte) und bedient sich zahlreicher männlicher und weiblicher Figurinen. Bemerkenswert sind zudem das Auftreten sog. Schleudergeschosse aus Ton in bikonischer Form, die in der gesamten Epoche produziert wurden, sowie als architektonische Besonderheit die in den Boden eingetieften Grubenhäuser. Rot auf weißem Überzug bemalte Keramik (»Próima graptá-Ware«), die älteste ihrer Art in Griechenland und wohl bereits als »fertiger Stil« aus dem Osten importiert, trat in der zweiten Stufe des Frühneolithikums, der so genannten Protosesklo-Stufe auf.[164] Die dritte Stufe, das sog. »Vorsesklo« mit seiner typischen einstichverzierten Keramik (»Impresso-Ware«) zeigt dagegen eher Einflüsse vom Balkan.[165]

---

163 Teile der Forschung bestreiten eine präkeramische Phase in Griechenland, da auch für diese Zeit vereinzelte Hinweise auf die Existenz von Tongefäßen existieren. Siehe u. a. Reingruber 2008. Anders jedoch Tellenbach 1983. Siehe auch den Überblick zu dieser Frage bei Alram-Stern 1996, 192 f.
164 Hauptfundort: Nea Nikomedia in Südmakedonien.
165 Es ist in diesem Zusammenhang anzumerken, dass die innere Kulturstufengliederung des Ägäischen Neolithikums nicht auf allgemeinen Kulturerschei-

7 Das griechische Festland

Das *Mittel-Neolithikum* (5800–5300), eine bruchlose Fortsetzung des Früh-Neolithikums war (vor allem in Thessalien) geprägt von der Sesklo-Kultur und zeigte eine einheitliche Kultur von Makedonien bis zur Peloponnes mit kleinen befestigten Orten, die allerdings regionale, auf lokalen Wirtschaftsräumen fußende Stile ausbildete. Es war eine Bauernkultur mit Ackerbau und Viehzucht, wobei erstmalig auch Schweine nachweisbar sind. Die meist kleinen, befestigten Orte der Sesklo-Kultur mit planmäßig angelegten Straßen und Plätzen zeigen quadratische, teils mehrräumige Lehmziegel-Häuser auf Steinsockeln, wobei zwei Haustypen zu unterscheiden sind: Der wohl aus Anatolien stammende Tsangli-Typ, ein Rechteckhaus mit Unterteilungen im Inneren, und der auf einheimischen Traditionen fußende Megaron-Typ mit Obergeschoß und Dachkonstruktionen sowie einer offenen Vorhalle.[166]

Abb. 51: Die mittelneolithische Siedlung von Sesklo

Beschreibung von Sesklo

Westlich des heutigen Volos in Süsthessalien liegt auf einem niedrigen Hügel die prähistorische Stätte von Sesklo. Während schon im frühen Neolithikum hier eine größere Siedlung bestand, erlebte der Ort seine Blüte im Mittelneolithikum und ist namengebend für einen gesamten Abschnitt dieser Zeit. Der Kern der Siedlung war von

---

nungen, die sich wie die Fundorte bruchlos weiterentwickeln, sondern ausschließlich auf der Definition von Keramikverzierungsstilen beruht.
166 Hierzu Demoule/Perlès 1993, 355–416.

einer doppelten ovalen Ringmauer umgeben und bestand aus mehreren Rechteckbauten mit Steinsockeln und Lehmziegelaufbau, die meist in zwei Räume unterteilt waren und im Inneren von Pfosten gestützt waren (Typus Tsangli). Im Zentrum der Anlage stand ein etwas größeres Gebäude mit ebenfalls zwei Räumen, aber mit einer zusätzlichen, von durch vorspringende Mauern gebildeten Vorhalle (Megarontypus). Umgeben war dieses Gebäude von einem gepflasterten Platz, um den sich neben Wohnhäusern auch Töpferwerkstätten gruppierten. Außerhalb der Mauern existierte eine Siedlung von etwa 500 Häusern mit an die 3000 Einwohnern.

Nach der Zerstörung der Stadt wurde der Ort im Spätneolithikum erneut besiedelt (Dimini-Zeit). Die neue Siedlung hatte ebenfalls zwei Ringmauern, die mit den vorhergehenden jedoch keinesfalls deckungsgleich waren. Auffällig ist, dass diese Siedlung im Inneren eine burgähnliche Anlage besaß, die nur wenige Gebäude umschloss, darunter allerdings ein gewaltiges Megaron, das dreimal so groß war wie das der Sesklo-Zeit und gegenüber diesem auch um ca. 90° gedreht war. Anders als in der Sesklo-Siedlung bestand in der Dimini-Zeit also eine starke Burg innerhalb der ebenfalls ummauerten Stadt, die sich außerhalb der Burg ausdehnte. Auch lässt die Größe des Megarons vielleicht auf eine größere soziale Differenzierung der Bevölkerung schließen – also auf eine starke militärische Elite, worauf wiederum der stark befestigte Charakter der einzelnen Siedlungen deutet (dazu weiter unten ausführlicher).

Ein starker kultureller Aufschwung äußerte sich zum einen in der qualitativ besseren Keramik – Rotpoliertes mit elaborierten Gefäßformen und als »Leitfossil« Rot- auf-Weiß mit zackigen oder fransigen, aus der Textilkunst stammenden Bortenmustern Bemaltes in Thessalien. Von Attika südwärts dagegen dominiert die hochqualitative, glanztonbemalte »mittelneolithische Urfirnisware«. Damit einhergehend zeigen sich auch ein Aufstieg von Handel und gewerblicher Produktion sowie intensive Beziehungen zu Anatolien und der damit verbundene Metallhandel. Zum ersten Mal entstanden Städte, das heißt Siedlungen, die von mehr Menschen als nur von einer Sippe bewohnt wurden. Es sind

7 Das griechische Festland

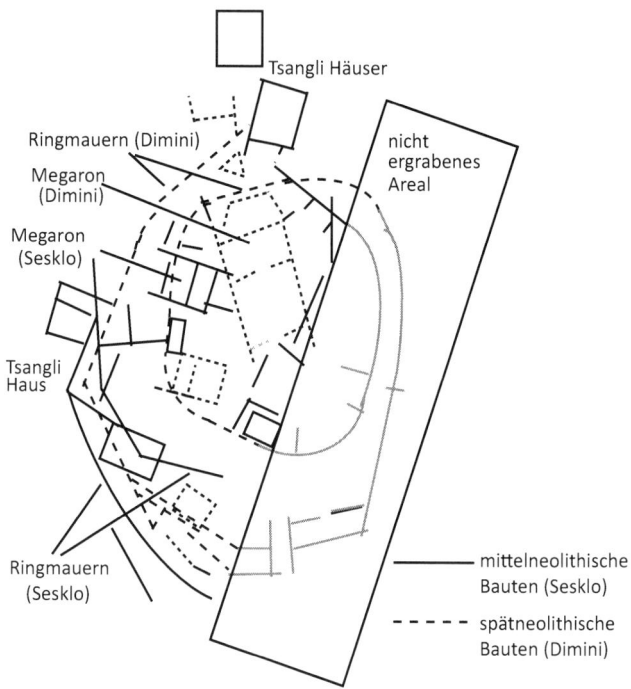

Abb. 52: Plan von Sesklo

Herrschersitze (Burgen) mit befestigten Siedlungen und einer bereits differenzierten Sozialstruktur. Ein in der Ebene, am Fuße der Magoula gelegener Siedlungsteil ist bislang allerdings nur im eponymen Fundort Sesklo bei Volos selbst nachgewiesen. Am Ende des Mittelneolithikums wurden viele Sesklo-Siedlungen durch Feuer – eventuell durch feindliche Angriffe – viele von ihnen blieben die nächsten 500 Jahre verlassen, jedoch gilt dies nicht für alle Fundstätten!

Das *Spät-Neolithikum* wird ob seiner langen Dauer in zwei sich stark unterscheidende Perioden eingeteilt. Am Beginn steht die Tsangli- Larisa-Stufe, die markiert durch Zerstörungshorizonte eine deutliche Diskontinuität in den Siedlungen und Bestattungsformen – erstmals trat die Leichenverbrennung auf – aufweist. In der Keramik erscheinen nun neue Stilelemente (karinierte Gefäßformen, schwarze Politur mit feinliniger weißer Bemalung, Politurmuster), die auf einen Einfluss von außen hinweisen. Diese Phase zeigt Verbindungen mit dem Norden, konkret mit der in Serbien beheimateten Starcevo-Kultur. Da diese Phase zuweilen unmittelbar auf zerstörten Sesklo-Siedlungen aufbaut, ist anzunehmen, dass die Zerstörer dieser Siedlungen wohl aus dem mittleren Donauraum kamen und von dort viele Kulturelemente mitbrachten.[167] Die zweite Stufe der ersten Periode des Spätneolithikums, die Arapi-Stufe, behält die neuen Gefäßformen, verziert sie aber mit einer hochattraktiven weiß-rot-schwarzen Polychrommalerei.

Die zweite Periode des Spätneolithikums ist bestimmt von der Dimini-Kultur (4300–3700). Diese war ebenfalls vom Donauraum beeinflusst, von der auf das mittelneolithische Starcevo folgenden Vinca-Kultur, und zeigte starken bandkeramischen Einfluss: Offenbar bestand ein Jahrhunderte-dauernder Zuzug von Bevölkerungselementen aus dem Balkanraum, eine Bewegung, die man Dimini-Wanderung nennt. Charakteristisch für die Dimini-Kultur ist die Bildung von Kulturprovinzen, sodass nun keine Uniformität mehr existierte. Auch eine völlig andere Keramik mit (im »klassischen« Dimini-Stil) gemalten oder geritzten Spiralmotiven sowie in Musterrapporten angelegten Mäandern wurde produziert, die sehr an die im Donauraum (Vinca) hergestellte Ware erinnert; ähnliches gilt für die Plastik, in der stark schematisierte Menschendarstellungen typisch wurden, statt, wie in Sesklo, naturalistische Figurinen.

Abb. 53: Typisches Gefäß der Dimini-Keramik mit Spiralmuster

---

167 Alram-Stern 1996, 90–93.

Die Dimini-Kultur bestand jedoch nicht überall, da in vielen Gebieten die Sesklo-Kultur weiter existierte, da von den Zerstörungen hauptsächlich die Städte nicht aber die kleinen Dörfer und Weiler betroffen waren. Dimini-Siedlungen lagen immer auf Anhöhen mit Graben und massiven Mauerringen, hatten große Einzelbauten in Megaronbauweise und insgesamt burgartigen Charakter. All dies weist auf die Existenz einer kriegerischen Elite. Dieser Dimini-Charakter war aber zeitlich und örtlich sehr unterschiedlich ausgeprägt, am stärksten und längsten in Thessalien, jedoch auch hier nur punktuell. Nach Süden hin nimmt der Einfluss von Dimini stark ab und fehlt in der Peloponnes fast vollständig. Anders als Sesklo hatte Dimini wenige Kontakte zu Anatolien, sondern vor allem zum Balkan- und Donauraum. Dimini-Siedlungen waren meist festungsartige Inseln, während im Umland noch immer die (leicht veränderte) Sesklo-Kultur weiter existiert. Offenbar beherrschte eine kleine aus dem Donaugebiet stammende militärisch überlegene Oberschicht, die über eine lange Zeit Zuzug aus dem Ursprungsgebiet erhielt, von ihren Burgen aus einige Regionen Griechenlands, schloss sich jedoch gegenüber der Umgebung ebenso wie nach außen weitgehend ab, der Handel mit Kleinasien kam beispielsweise zum großen Teil zum Erliegen.

Abb. 54: Dimini

Diese im Ägäisgebiet zeitlich und örtlich einzigartige Kultur verschwand an der Wende vom 5. zum 4. Jahrtausend ebenso plötzlich wie sie gekommen war. Der folgende Abschnitt wird als End-Neolithikum oder Chalkolithikum bezeichnet und in Thessalien von der Rachmani-Kultur dominiert. Diese hatte keine Verbindung mit Dimini, sondern war gewissermaßen eine direkte Fortsetzung Sesklos, wie etwa die rotpolierte Keramik deutlich zeigt. Es bestanden auch wieder Kontakte zu Anatolien, die den Import von Kupfer und erstmals die Kupferverhüttung nach Griechenland brachten und somit zum Chalkolithikum (Kupfersteinzeit) überleiteten.[168] In Thessalien, wo es zu einer massiven Verminderung der Siedlungen kam, dauerte diese Phase (das End-Neolithikum) allerdings länger (bis ca. 2900) als in Südgriechenland, wo ein starker Bevölkerungswachstum zu verzeichnen ist und ab 3200/3100 bereits die Bronzezeit, das Frühhelladikum, begonnen hatte.[169]

Beschreibung von Dimini

Am westlichen Rand der Ebene von Volos in Südthessalien auf einem niedrigen Hügel gelegen befindet sich die spät-neolithische Anlage von Dimini. Hierbei handelte es sich um einen befestigten Herrensitz. beziehungsweise um eine Burg, die mit mehreren immer paarweise angeordneten Ringmauern umgeben war.

Den Zugang zu dieser vor allem Grundsätzen der leichten Verteidigung verpflichteten Konzeption gewährten symmetrisch angeordnete Toranlagen, wobei der Eindringling gezwungen war, nach Überwindung des äußersten Tores innerhalb einer Zwingmauer vorzurücken, um zum zweiten Tor zu gelangen. Nach Passieren dessel-

---

168 Demoule/Perlès 1993, 398–405.
169 Es sei an dieser Stelle darauf hingewiesen, dass bezüglich der Datierung des Neolithikums in Griechenland und seiner einzelnen Abschnitte sowie deren Benennung ein lebhafter Diskurs in der Forschung im Gange ist, sodass die hier vorgebrachten Datierungen, die im Wesentlichen auf kalibrierten Radiokarbondaten der 1990er Jahre beruhen, bestenfalls den Charakter von Näherungswerten beanspruchen können, von einer endgültigen Sicherheit jedoch noch weit entfernt sind.

ben musste er sich unter denselben Bedingungen bis zum nächsten Zugang vorkämpfen und so weiter, bis er zum innersten Tor gelangte. Eine solche Anlage entlang der innersten Mauer machte es einem Angreifer mit den damaligen zur Verfügung stehenden technischen Mitteln nahezu unmöglich bis ins Innere der Burg vorzudringen. Im Inneren der Burg standen einige nicht näher zu definierende Gebäude, die wohl als Unterkünfte und Vorratsräume dienten, sowie ein großer Bau (ca. 7 mal 12 Meter) in Megaronbauweise. Dieser verfügte über eine kleine von zwei Holzsäulen gestützte Vorhalle sowie zwei baulich getrennte Räume im Inneren und diente zweifelsohne als Sitz des Herrschers der Siedlung und dessen Gefolge.

Außerhalb dieser ›Festung‹ existierte eine Siedlung, die sich wohl bis in die den Hügel umgebende Ebene ausgedehnt hat und etwa dreihundert Bewohner beherbergt haben dürfte. Insgesamt verrät die Stätte von Dimini den autoritären Willen einer wohlorganisierten, stark auf militärische Bedürfnisse ausgerichteten Elite, deren Stärke wohl gerade auf dieser kriegerischen Überlegenheit beruhte.

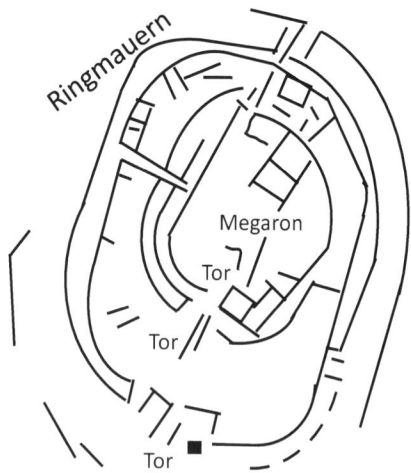

Abb. 55 Plan von Dimini

Abb. 56: Zu den Toren führend Rampe von Dimini

7.3 Frühhelladikum

Periodisierung

FH I: ca. 3200–2600
FH II: 2600–2200
FH III: 2200–2100[170]

---

170 Einen Überblick über die materielle (vor allem keramische) Entwicklung der einzelnen Landschaften im Frühhelladikum bietet Forsén 2012, 53–65 sowie Alram-Stern 2004, 507–534.

7 Das griechische Festland

Abb. 57: Griechenland im Frühhelladikum

Ein weitgehend bruchloser Übergang vom Neolithikum zur Bronzezeit vollzog sich unter östlichem Einfluss. FH-Siedlungsplätze waren vor allem in Mittelgriechenland und der Peloponnes gelegen. Im Norden Griechenlands einschließlich Thessaliens dauerte das Neolithikum (Rachmani-Phase) noch länger an, während im übrigen Griechenland die Vorstufe zur eigentlichen Bronzezeit von einigen Forschern als Chalkolithikum (Kupfersteinzeit) bezeichnet wird. Diese wird ihrerseits in zwei Phasen unterteilt, die Attika-Kephala-Stufe, die sich in der Keramik durch eine Musterpolitur auszeichnet, und die Athen-Nordhang-Stufe, in der eine deutliche Verarmung im keramischen Dekor zu sehen ist. Diese beiden Stufen sind jedoch nur an einem einzigen Fundplatz vertreten, in der Franchthi-Höhle in der Südargolis, wobei die Keramik jener der Pelos-Phase auf den Kykladen sehr ähnlich ist. Die Wende vom Chalkolithikum zum Frühhelladikum zeigt auf wirtschaftlichem Gebiet eine Mischung von Ackerbau und (nun vermehrt) Hirtentum. Letzteres führte aufgrund der intensiven Schafhaltung wiederum zu einer gestiegenen Wollproduktion und sogar zum Export derselben. In einigen Gebieten (z. B. in Attika) wird sich jetzt auch Kupferabbau betrieben.

Das beginnende Frühhelladikum ist zwar generell eine Fortsetzung des Chalkolithikums (so etwa im Bestattungswesen), zeigt jedoch in einzelnen Bereichen auch Veränderungen. Neben einem Wandel in der Keramik (auftauchen einer dunklen Politurware) und der schon erwähnten stärkeren Hinwendung zum (Schaf-)Hirtentum betrifft dies vor allem das Siedlungswesen. Zum einen sind deutliche Siedlungsunterbrechungen in manchen Gebieten feststellbar, zum anderen entstanden jedoch auch vermehrt Siedlungen mit einem längerdauernden Bestand sowie einer verstärkten Hinwendung zur See (Handel, Fischerei), ablesbar an vielen neuen Küstenorten. Insgesamt ist jedenfalls eine zunehmende Regionalisierung der Kultur auf dem griechischen Festland zu konstatieren. Vor allem die angesprochenen Veränderungen (Siedlungsbrüche und die Verlagerung von Orten, keramischer Wandel und vermehrtes Hirtentum, wozu noch das erstmalige Auftreten des Pferdes im Norden Griechenlands kommt) veranlassten einige Forscher, an eine Einwanderung von Hirtenkriegern mit Pferden aus dem Gebiet der Kurgankultur (Südrussland, Mündungsgebiet der Donau) zu denken, was gleichbedeutend mit dem Erscheinen von Indogermanen in der Balkanhalbinsel wäre. Aus einer Vermischung dieser Elemente mit der Substratbevölkerung, die wohl mit jener Kleinasiens verwandt war, wäre somit die helladische Kultur entstanden.[171] Gegen eine solche These spricht freilich die deutliche Kontinuität vom Chalkolithikum zum Frühhelladikum in vielen Lebensbereichen, wobei nur das Bestattungswesen besonders betont werden soll.

FH I (ca. 3200–2600), der Übergang vom Neolithikum zur Bronzezeit: Das Frühhelladikum I stellt einerseits (als Neuerung) den vollständigen Übergang zur Verwendung von Bronze als dem primären Werkstoff dar, ist aber gleichzeitig eine bruchlose Fortsetzung der vorangegangenen end-neolithischen Kulturen.

FH-Siedlungen, die vor allem in Mittelgriechenland (Boiotien) und der Peloponnes (Argolis) festgestellt wurden, waren meist an, bezie-

---

171 So etwa Coleman 2000, 101–153.

hungsweise nahe der Küste gelegen, oder an verkehrstechnisch wichtigen Punkten im Inland, für deren Entwicklung abgesehen von der Lage vor allem die Einfuhr von Metallen entscheidend war. Um 3000 war die Ägäis am Rande der fortschrittlicheren Gebiete gelegen, sodass Einflüsse aus Vorderasien in Metallurgie, Verwaltung, Kultur und Sozialstruktur feststellbar sind. Griechenland hatte Kontakte zum Orient über Kreta, die Kykladen und Kleinasien. Durch intensive Beziehungen der einzelnen Siedlungen zueinander kam es zu einer kulturellen Vereinheitlichung, sodass nach der kulturellen Zersplitterung Griechenlands seit dem Spätneolithikum am Übergang von FH I zu FH II wieder eine kulturelle Einheit herrschte (außer in Thessalien), die eng mit Kreta, Troia und den Kykladen verbunden war.

Die langsame Entwicklung von FH I wurde in FH II von einem sprunghaften Fortschritt in der Keramik, Metallurgie und Architektur abgelöst, die nun auch Thessalien erfasste. Die in dieser Zeit stark an Zahl zunehmenden Siedlungen – die archäologisch bedeutendsten auf dem Festland sind wohl Lerna und Tiryns in der Argolis, Theben in Boiotien sowie die Insel Aigina – wiesen nunmehr eine deutliche Zentrumsbildung auf, die in gemeinschaftlichen Unternehmungen wie dem Bau von Brunnen und Kanälen sowie in der Anlage von massiven Umfassungsmauern ihren Ausdruck fanden. Man kann ab dieser Zeit wohl vom Entstehen protourbaner Siedlungen auf dem griechischen Festland sprechen.[172] Besonders an der Ostküste des griechischen Festlandes machte sich ein starker Einfluss aus dem Bereich der Kykladen bemerkbar, vor allem durch das Erscheinen kykladischer Gefäße und Idole. Zuweilen wird dies von einigen Forschern als Indiz für die Ansiedelung kykladischer Kolonien auf dem Festland gewertet, jedoch beziehen sich die Einflüsse nur punktuell auf die genannten Bereiche und zeugen – wenn überhaupt – nur von der Anwesenheit einzelner Individuen (Händler, Handwerker) an verschiedenen Punkten der griechischen Ostküste. Auf jeden Fall ist aber anzunehmen, dass – neben anderen Gebieten – auch die Küsten des Festlandes in das ausgedehnte maritime Handelsnetz der Kykladenbewohner einbezogen waren.

---

172 Siehe Renfrew 1972, 170–183.

FH II (2600–2200), der Höhepunkt der Frühbronzezeit in Griechenland

Ausschlaggebend für den erwähnten raschen Aufschwung und die kulturelle Höhe der Zeit von FH II war wohl der auf allen Gebieten spürbare anatolische Einfluss. Dieser erstreckte sich vor allem auf technische Errungenschaften wie etwa die Übernahme der Töpferscheibe auf dem Sektor Keramik, oder die Einführung der Zinnbronze in der Metallurgie. Deutlich anatolischen Charakter tragen auch die nunmehr im Osten des griechischen Festlandes – ebenso wie auch auf den Kykladen – anzutreffenden Befestigungsanlagen (aus Stein mit Lehmziegelaufbauten) mit ihren Kasematten, den halbrunden Bastionen (oder Türmen), den Zwingertoren und Vorwerken der eigentlichen Mauern. Mindestens ebenso bedeutend waren die östlichen Einflüsse auf dem Gebiet der Verwaltung sowie der Bevorratung und Verteilung verschiedener Güter. Deutliches archäologisches Zeugnis dieses folgenschweren anatolischen/mesopotamischen Einflusses sind die allenthalben nun verwendeten Tonsiegel nach orientalischem Vorbild zur Kennzeichnung und Quantifizierung unterschiedlichster Güter, die eine übersichtliche, effiziente und planende Verwaltung dieses essentiellen Wirtschaftszweiges erst möglich machten. All diese neuen Errungenschaften belegen eindrucksvoll, dass in FH II vor allem der Osten des griechischen Festlandes Teil einer weitgespannten Interaktionssphäre war, die sich auch auf die Kykladen, Kreta, Kleinasien und jedenfalls in den Handelsbeziehungen sogar bis Mesopotamien erstreckt, wie beispielsweise Schmuckstücke mesopotamischer Provenienz in Griechenland nahelegen. Ob diese massiven Einflüsse allerdings auf bloße (Handels-)Kontakte zurückzuführen sind oder aber (auch) auf die Zuwanderung anatolischer Bevölkerungselemente auf dem griechischen Festland, ist bislang noch nicht zu entscheiden.

Die Siedlungen des FH II waren deutlich stratifiziert und hierarchisch organisiert, sodass man von einer Gesellschaft mit entwickeltem »Häuptlingstum« sprechen kann. Sichtbarer architektonischer Ausdruck der sozialen Spitze in den einzelnen Siedlungen war das schon weiter oben erwähnte »Korridorhaus«. Hierbei handelte es sich um einen multifunktionalen Großbau, der zum einen der Lagerung der zu sammelnden und weiter zu verteilenden Güter des Gemeinwesens diente, zum anderen aber der Ort kommunaler Zusammenkünfte war, die sich um die in der Mitte des Hauptraumes gelegenen große tönerne Herdstelle versammelten.[173] Das an zentraler Stelle des jeweiligen Ortes gelegene Korridorhaus war somit wohl gleichzeitig ein öffentliches (Versammlungs-)Gebäude, ein großer gemeinsamer Lagerraum sowie der »Häuptlingssitz« der Siedlung. Als Versammlungsplatz diente der zentrale Raum, der – den in großer Zahl aufgefundenen Trink- und Speisegefäßen zufolge – als Treffpunkt zum gemeinsamen Trinken sowie zur Verabredung und Vorbereitung der Kriegführung genutzt wurde.

Neben der Landwirtschaft gewannen nun das Gewerbe und der Handel an Bedeutung. Die Städte an der Küste entwickelten sich zu Handelszentren wie sie in Kreta schon länger existierten. Die Elite der Städte gelangte zu gestiegenem Wohlstand, wobei die Landwirtschaft, vor allem der Weinbau, aber auch der Handel mit Wolle eine wesentliche Rolle spielten. Grundlage dieser wirtschaftlichen Prosperität war die nunmehr mögliche Überproduktion, sodass ein Teil der erwirtschafteten Güter in den Handel, der in den Händen von Spezialisten lag, gehen konnte. Natürlich spielte auch die verbesserte Metallurgie, die vielfältige Verarbeitung der Bronze sowohl für das Handwerk als auch für den Handel eine bedeutende Rolle. Zu betonen ist dabei allerdings, dass dieser Handel, wie generell die Verteilung der Güter, einer gesellschaftlichen Elite oblag, die ihren Rückhalt in einem starken Häuptlingstum hatte. Insgesamt kann somit die sich in FH II entwickelnde Gesellschaft und ihre Hierarchisierung in den östlichen Teilen des griechischen Festlandes als eine Vorstufe zur »Staatsbildung« angesehen werden.[174]

Viele Orte wie Lerna und Aigina wurden – wie schon erwähnt – in FH II stark befestigt. Rechteckige und apsidale Häuser mit Steinsockeln und Lehmziegelmauern prägten das Bild der Siedlungen, in denen monumentale Zentralbauten wie das »Haus der Ziegel« in Lerna und ein gewaltiger Rundbau in Tiryns jeweils beherrschende Positionen einnah-

---

173 Zum Korridorhaus siehe auch Alram-Stern 2004, 238–243, die von »multifunktionalen, präpalatialen« Bauten spricht.
174 Siehe Cherry 1984, 18–48.

men.[175] Bei letzterem ist es allerdings nicht ganz klar, ob es sich um einen Bau für gemeinschaftliche Zusammenkünfte oder aber um einen sehr großen Vorratsspeicher (oder beides) gehandelt hat.

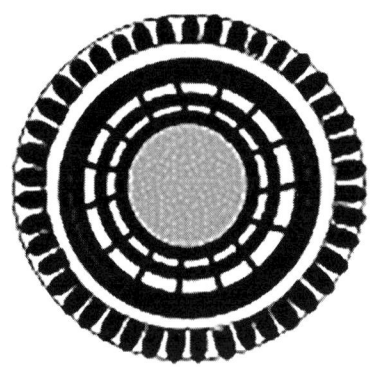

Abb. 58: Der Rundbau von Tiryns

Die *Gräber* dieser Zeit befanden sich entweder zwischen den Häusern oder in Nekropolen, wobei es sich meist um Kollektivbestattungen, kaum um Einzelgräber handelte.

Die *Keramik* war zunächst noch handgeformt und einförmiger als die neolithische, aber von hoher Qualität mit je nach Brand schwarzem bis rotem Firnis. In FH I dominierten geritzte Spiralen-Muster, die kykladischen aber auch anatolischen Einfluss verraten; in FH II war als Leitfossil das sog. sauce boat bis Thessalien und Ionien verbreitet. Die Keramik von FH II lässt sich in zwei Phasen einteilen, wobei die erste Phase durch das Auftreten der Urfirnisware charakterisiert ist, während für die zweite Phase anatolische Gefäßformen typisch sind. Lokale Unterschiede bestanden allerdings zwischen Mittelgriechenland und der Peloponnes. Troianische Gefäßformen waren ebenso in Verwendung wie Menschen- und Tierfiguren und Tonplatten mit einer Vertiefung, die als Herd dienten.

---

175 Alram-Stern 2004, 243–246.

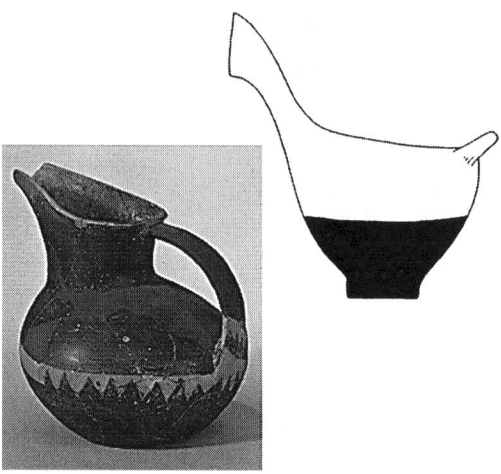

Abb. 59: Frühhelladische Gefäße (souceboat)

Die ökonomische und kulturelle Blüte um 2200 endete durch die Zerstörung der meisten Küstenorte. Solche Zerstörungen traten zur gleichen Zeit bekanntlich auch auf den Kykladen, Kreta und an der Westküste Kleinasiens (Troia II) auf, und dürften mit der sog. »Luwischen Wanderung«, die im Inneren Kleinasiens ihren Ausgang genommen hatte, in Zusammenhang stehen. Diese Zerstörungen der meisten Küstenorte führten zum Zerfall der Einheit in FH II und zur Bildung lokaler Kulturprovinzen. Es ist nun keine Siedlungskontinuität mehr feststellbar und Großbauten wie das Korridorhaus existierten nicht mehr. An ihre Stelle traten dicht nebeneinander gesetzte jedoch nur aus wenigen Räumen bestehende Apsidenhäuser, die für die Folgezeit geradezu charakteristisch sind. Ein Bruch ist ebenfalls in den Bestattungssitten zu verzeichnen, da die Toten nun vor allem in großen Vorratsgefäßen beigesetzt wurden (Pithos-Bestattungen), sowie in der Keramik, in der die in FH II üblichen Gefäßformen fast gänzlich außer Gebrauch gerieten. Generell stellt die Wende von FH II zu FH III wohl eine der einschneidendsten Umbruchzeiten in der Geschichte des prähistorischen Griechenlands dar.

In der folgenden Phase FH III ist eine weitere starke Regionalisierung im gesamten Ägäisraum feststellbar. In Mittel- und Südgriechenland zeigt die lokale Entwicklung der Keramik eine Verschmelzung westanatolischer Elemente mit einheimischen FH-Stilen. Besonders charakteristisch ist hierbei das Aufkommen der auf der Töpferscheibe gedrehten »Grauminyischen Keramik«, die im frühen Mittelhelladikum bestimmend werden sollte.

Abb. 60: Grauminyischer Becher

In anderen Regionen – deutlich von kykladischer Keramik beeinflusst – dominierten weiße, geometrische Muster (sogenannte »Musterkeramik«), die von einer radikalen Änderung der Keramik zeugen, sowie Reliefabrollmuster ähnlich orientalischen Rollsiegeln.

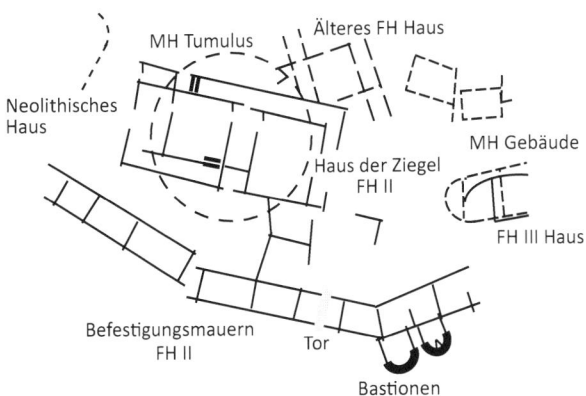

Abb. 61: Plan von Lerna

Beschreibung von Lerna

Die mehr als ein Hektar große Ausgrabungsstätte von Lerna ist in der Nordwestecke des Argolischen Golfes gelegen, verfügt über eine starke Quelle und gutes Ackerland und kontrolliert die Straße nach Norden in die argivische Ebene. Die erste Besiedelung des Platzes erfolgte im mittleren Neolithikum, aus dieser Zeit stammen auch die noch sichtbaren Grundmauern eines Hauses im Nordwesten des Areals.

Nach einer längeren Besiedelungsunterbrechung in FH I entstanden in der Phase FH II die bedeutendsten Bauten des Ortes. Am Beginn dieser Phase wurden einige rechteckige Gebäude errichtet. Die Überreste eines solchen etwas später errichteten Hauses sind noch im Norden des Grabungsareals zu sehen. Dieser Bau wurde zerstört, als er dem größten und bedeutendsten frühhelladischen Gebäudekomplex von Lerna weichen musste, dem sog. »Haus der Ziegel.« Dieses Gebäude – Ost-West-orientiert, während der Vorgänger eine Nord-Süd-Orientierung aufwies – war 25 Meter lang und existierte nur eine relativ kurze Zeit, bevor es durch einen Brand vernichtet wurde. Es verfügte über Lehmziegelmauern und eine teils aus Kalkstein teils aus Ton bestehende Pflasterung; mehrere hundert gebrannter tönerner Dachziegel deckten einst das Haus. Ein sich nach außen öffnender Magazinraum enthielt viele Gefäße (darunter einige sehr feinwandige Saucieren) und eine große Anzahl von Tonsiegeln. Den Mittelpunkt des Hauses der Ziegel bildet ein Zentralraum mit einem Terracottaherd, der wohl (auch) für Versammlungen gedient hatte. Eine Treppe belegt, dass das Gebäude einst auch über ein Obergeschoß verfügt hatte. Abgesehen von diesem Zentralraum besaß das Gebäude sowohl im Unter- als auch im Obergeschoß mehrere Räume für private oder auch öffentliche Zwecke. Insgesamt stellt das »Haus der Ziegel« eines der besten Beispiele für das frühhelladische »Korridorhaus« dar.

Nachdem das Haus abgebrannt war, wurde es unter einem niedrigen Hügel aus Mauerresten und Erde ›begraben‹, der von einer Steinsetzung eingefasst und mit kleinen Steinen bedeckt wurde. Spätere

7.3 Frühhelladikum

Bewohner von Lerna berührten den später entstandenen Tumulus nicht – möglicherweise betrachteten sie ihn als heilig. Ebenfalls der Phase FH II gehören die heute vor allem im Süden der Anlage zu sehenden Umfassungsmauern der Siedlung an. Sie bestehen aus einem doppelten, stellenweise durch Quermauern verbundenen Mauerzug, der einen Steinsockel und Lehmziegelaufbauten besaß. An der Südseite befanden sich – an die Mauer angefügt – zwei (nicht gleichzeitig erbaute) hufeisenförmige Bastionen oder Türme, die wohl dem Schutz der westlich davon liegenden Toranlage diente. In der Folgezeit (Ende FH II) wurde die Siedlung von Lerna möglicherweise kurzzeitig aufgegeben, auf jeden Fall kam es zu einem Zusammenbruch der kulturellen Kontinuität, dem wohl auch der Umstand, dass das Korridorhaus nicht wieder aufgebaut wurde, geschuldet ist.

In der Phase FH III wurde die Siedlung in geringem Umfang wieder aufgebaut, der zu Beginn auch ein großes Apsidenhaus, das sog. »Häuptlingshaus« im Osten des Areals angehört. Weitere Apsidenhäuser – ausschließlich solche – folgten mit der Zeit und die Siedlung dehnte sich aus. Dieser Wandel war einhergehend mit Veränderungen in der Keramik. Die Bevölkerung bestand in dieser Zeit wohl aus einer Vermischung von Trägern der FH II Kultur mit Gruppen, deren Kultur einen anatolischen Einschlag. Ohne Bruch fand die Siedlung ihre Fortsetzung im Mittelhelladikum. Gebäude dieser Zeit waren Apsidenhäuser oder Rechteckbauten, deren Reste im Osten der Stätte noch zu sehen sind.[176]

In der Peloponnes verbreitete sich – vielleicht von Lerna ausgehend – die grobe mit Ritzmustern versehene »Adriatische Ware«. Insgesamt kann man feststellen, dass Mittelgriechenland auf dem Sektor der Keramik mehr von den Kykladen beeinflusst war, während die Peloponnes stärker von Kreta geprägt wurde. Die ebenfalls vorhandenen Stempelsiegel auf Gefäßen zeigen, dass diese von Troia II beeinflusst sind. Gefäße

---

[176] Eine instruktive Zusammenfassung des archäologischen Befundes von Lerna findet sich bei Heath Wiencke 2012, 660–670.

Abb. 62: Die frühhelladische Siedlung von Lerna

und Statuetten aus Stein waren wiederum nach kykladischem Vorbild gefertigt. Gold-, Silber- und Bronzeprodukte wie Schmuck, Waffen, und Gefäße zeigen Einflüsse aus Kreta, Troia, den Kykladen, und dem anatolischen Alaca Hüyük.

Ein (regional) ebenso radikaler Bruch ist auch im Siedlungswesen zu sehen: Trotz paralleler lokaler Entwicklungen herrschen in den Siedlungen nun generell große freistehende Apsidenhäuser vor, die jedoch vereinzelt bereits in FH II aufgetreten sind, wie z. B. in Theben oder Tiryns.[177] Allerdings ist der Bruch zu den FH II-Traditionen in Nord- und Mittelgriechenland, wo enge Verbindungen zum Ostägäisraum bestanden, nicht so stark ausgeprägt wie in Südgriechenland und den Kykladen.[178] Besonders deutlich ist die Regionalisierung von FH III im Bestattungswesen bemerkbar. Neben der nunmehr häufig anzutreffenden Anlage von Gräberfeldern existierten auch einzeln stehende Tumuli (Grabhügel) sowie lokale Leichenverbrennung; in der Westpeloponnes fanden sich daneben auch häufig Pithos-Bestattungen.

---

177 Alram-Stern 2004, 248–250.
178 Siehe auch Forsén 2012, 53–65.

Das gegenüber von FH II weniger weitgespannte Handelsnetz in FH III
– es konzentrierte sich im Wesentlichen auf Kontakte mit Kreta du den
Kykladen – konnte sich allerdings auf eine Neuerung im Schiffsbau
stützen. In dieser Zeit erschienen nämlich erstmal Segelschiffe statt der
früheren lediglich geruderten Langboote als Transportmittel im ägäischen Raum, die nun längere Fahrten ohne die für Boote notwendigen
Zwischenstationen (oder Zwischenhändler) erlaubten.[179]

Gleichwohl war die Kultur von FH III bei (großteils) gleicher Bevölkerung wesentlich primitiver, was wohl auf das Fehlen einer ausgeprägten Herrscherschicht schließen lässt. Die relativ kurze Phase von FH III, etwa 100 Jahre, stellte jedenfalls den Übergang zum Mittelhelladikum dar, der sich ohne Zerstörungen und weitgehend bruchlos vollzog. Dieser Übergang zu MH manifestierte sich in der Keramik darin, dass FH-Typen mit MH-Elementen (minyisch) vermischten, in neolithischer Tradition standen, jedoch nicht durch FH vermittelt wurden, sondern vielmehr auf balkanische Einflüsse zurückzuführen sind. Am Ende von FH III sind zwar keine Zerstörungen nachweisbar, es kam jedoch zu einem Bruch in der Keramik, sodass FH-Formen nun völlig verschwanden. Dieser Befund wirft die Frage auf, ob die zweifellos vorhandenen historischen Umwälzungen sich bereits am Ende der Phase FH II ereigneten oder aber erst nach FH III.[180] Diese »Kultur-Brüche« wurde in der Forschung oft mit der Invasion oder dem Einsickern fremder Bevölkerungselemente auf das griechische Festland in Verbindung gebracht. Hauptargument für die »Invasionsthese« waren hierbei die Zerstörungshorizonte und das Auftreten neuer Formen auf der gesamten Peloponnes. Allerdings zeigten neuere Forschungen, dass diese Veränderungen nicht zeitgleich in den verschiedenen Teilen Griechenlands auftraten und während des langen Zeitraumes von FH II bis MH I auch unterschiedliche lokale Entstehungsverläufe und Ursachen hatten. Meist wird dies heute als langer Entwicklungsprozess ausgehend von einigen Zentren wie Kolonna (Aigina) und Lerna gesehen, wobei abrupte Veränderungen, die mit dem Einfall fremder Bevölkerungsgruppen und den daraus resultierenden Zerstörungen einhergingen, nicht ausgeschlossen

---

179 Ausführlich hierzu siehe Maran 1995.
180 Hierzu ausführlich (mit den Kontroversen in der Forschung) Forsén 1992.

werden können, sondern vielmehr ebenfalls anzunehmen sind. Auch spielten offenbar Bevölkerungsverschiebungen innerhalb des griechischen Festlands, die sich nach den äußeren kriegerischen Ereignissen und den Zerstörungen zutrugen, für die kulturellen Veränderungen und das Erscheinen neuer Elemente eine gewisse Rolle.[181]

7.4 Mittelhelladikum

Periodisierung

MH I: 2100–1900
MH II: 1900–1800
MH III: 1800–1700[182]

Der Übergang von FH zu MH ist hinsichtlich der Bevölkerungskontinuität, Architektur, Bestattung und Keramik selten bruchlos. MH-Siedlungen nahmen meist ein wesentlich kleineres Areal ein als FH-Orte, was wohl auf einen gewissen Bevölkerungsrückgang schließen lässt, waren andererseits aber zahlreicher. Die Landschaften des griechischen Festlandes waren also von kleinen Dörfern und Weilern dominiert, die – regional sehr unterschiedlich – in kleinem geographischen Rahmen intensive Kontakte untereinander pflegten. Archäologisch nachweisbar sind vor allem Beziehungen und Austausch auf den Sektoren Landwirtschaft (Transfer von Methoden des Anbaus), Militär (Waffen) und Kult (Kultgegenstände und Figurinen).[183]

---

181 Forsén 2012, 53 f. und 61 sowie ausführlich zur Diskussion innerhalb der Forschung Alram-Stern 2004, 522–531.
182 Zur Chronologie des Mittelhelladikums und deren unterschiedlichen Ansätzen siehe Voutsaki u. a. 2010, 641–674.
183 Siehe hierzu Bintliff 2010, 755–763.

7.4 Mittelhelladikum

Abb. 63: Griechenland im Mittelhelladikum

Größere Orte waren meist im Inland auf Hügeln gelegen. Diese Siedlungen, die selten über zerstörten beziehungsweise verlassenen FH-Orten angelegt wurden, waren im Inland gelegen, unbefestigt, oft mit verstreuten Einzelhäusern. Erst in MH III wurden sie wieder dichter besiedelt und ummauert. An den Gebäuden (und Gräbern) dieser Siedlungen ist in MH I und MH II auch keine oder nur geringe gesellschaftliche Differenzierung feststellbar, was sowohl für die vertikale Differenzierung, also eine Hierarchisierung, als auch für die horizontale Differenzierung, das heißt eine Existenz verschiedener Berufe, gilt. So fehlen die für frühhelladische Siedlungen charakteristischen zentralen Monumentalbauten völlig, was deutlich auf eine fehlende die Siedlung repräsentierende und sie dominierende Autorität hinweist. Zum anderen sind in den Gebäuden und meist auch in den Gräbern anhand des Inventars bzw. der Beigaben keinerlei auf verschiedene Berufe (Schmiede und andere Handwerker, Händler usw.) hinweisende Indizien zu finden.

Von MH I zu MH II ist zudem eine sich verstärkende lokale Ausprägung von Siedlungen unterschiedlichen Charakters zu konstatieren. Zurückzuführen ist diese lokale Differenzierung darauf, dass die einzelnen (größeren) Siedlungen auf verschiedenen, den lokalen Umständen geschuldeten Modellen sozialer Organisation, wirtschaftlichen Voraussetzungen und kulturellen Einflüssen basierten.[184] Anhand dreier größerer MH-Siedlungen Kirrha in Phokis (in der Nähe von Delphi), Eutresis in Boiotien und der Aspis bei Argos sind diese lokalen Modelle deutlich erkennbar:

- Kirrha, am Golf von Itea gelegen, entwickelte sich zu einer sehr wohlhabenden großen Siedlung, wobei die ökonomische Prosperität nahezu ausschließlich auf der Viehzucht sowie der landwirtschaftlichen Produktivität beruhte. Dies wird befördert von der Tatsache, dass Kirrha über ein ungewöhnlich großes und fruchtbares Umland verfügte[185] und keine Konkurrenz von anderen Siedlungen hatte.
- Eutresis, im Zentrum des größtenteils landwirtschaftlich sehr ertragreichen Boiotiens gelegen, bezog seinen Reichtum wiederum neben der Landwirtschaft auch aus einer deutlich gestiegenen handwerklichen Produktion, zu deren regionalem Zentrum sich die Siedlung allmählich entwickelte und über das Umland hinausgehende Bedeutung erlangen konnte.
- Das dritte Beispiel, die auf dem flachen Hügel der Aspis von Argos situierte Siedlung, verfügt ebenfalls über ein sehr fruchtbares Unland, die argivische Ebene, zeigt allerdings etwas unterschiedliche soziale Praktiken. Es handelte sich bei den einzelnen Familien dieser Siedlung um eine offenbar sehr kompetitive Gesellschaft, deren Wetteifer sich in einem Streben nach Repräsentation und Zurschaustellung von Reichtum – unter anderem durch die Begräbnisstätten – äußerte. Dieser »Wettbewerb« verbunden mit dem Eingehen von Allianzen mit anderen Familien führte zum ökonomischen Aufstieg einzelner Familien und somit zu einer fortschreitenden Hierarchisierung der Gesellschaft.

---

184 Eine ausführliche Analyse hierzu findet sich bei Philippa-Touchais 2010, 781–801.
185 Noch heute liegt dort der wohl größte Olivenhain Griechenlands.

Eine stärkere soziale Differenzierung hin zur Ausprägung deutlicherer Hierarchien trat flächendeckend erst in MH III ein, als in den einzelnen Siedlungen manche Familien auf der wirtschaftlichen Grundlage des Ackerbaus zu vermehrtem Reichtum kamen, der sich unter anderem im Erscheinen teurer Importstücke (aus Metall oder der keramischen Produktion) sowie der Ausstattung der Gräber und der Repräsentation in den Begräbnissitten niederschlug. Von ausschlaggebender Bedeutung war hierbei, dass sich offenbar einige Familien zu einer engeren Zusammenarbeit auf vielen Gebieten – in der Wirtschaft wie in der Politik – entschlossen, und dadurch ihren Reichtum und auch Einfluss innerhalb der Siedlungen vergrößern konnten.[186]

Der wirtschaftliche Aufstieg vieler Orte war schließlich auch wesentlich durch die Verkehrslage bedingt. Dies bestätigt zunächst, dass über die einzelnen Siedlungen hinausgehende wirtschaftliche Beziehungen der Bewohner nicht in erster Linie auf einen Handel über das Meer zu anderen MH-Gemeinden oder zu Gebieten außerhalb des Festlandes (Kreta, Kykladen etc.) konzentriert waren, sondern auf Kontakte auf dem Landweg innerhalb des Raumes der MH-Kultur. Für solch einen Handel waren natürlich die Lage an den verschiedenen Inlandsrouten und deren Schlüsselstellungen von wesentlicher Bedeutung, auf denen sich der Warenverkehr aber auch die persönlichen Beziehungen einzelner Gruppen zu ›fremden‹ Gemeinwesen realisieren konnten. Trotz des deutlichen wirtschaftlichen Aufstieges lassen sich keine maritimen Kontakte, die sich im Import von Gütern von außerhalb des Festlandes niederschlagen würden, nachweisen. Dies bedeutet, dass es lediglich profitable Beziehungen innerhalb des Bereiches der MH-Kultur gab. Voraussetzung hierfür war aber die topographische Lage einer Siedlung (an einer Furt, einem Passübergang oder einem Flusslauf), welche die Kontrolle von wichtigen (natürlichen) Verkehrswegen und damit der handelskontakte ermöglichte.

Jüngere Abhandlungen in der Forschung beschäftigen sich mit eben diesen (meist sehr begrenzten) ›äußeren‹ Kontakten mittelhelladischer Orte.[187] Aus einer soziologischen Perspektive sind hierbei drei durch

---

186 Am Beispiel von Asine in der Argolis zeigt dies Voutsaki 2010, 765–779.
187 So etwa Wright 2010, 803–815.

den Raum ihrer Aktion zu definierende Typen von mittelhelladischen Gemeinwesen zu unterscheiden:

1. Dörfliche Gemeinschaften, deren Kontakte und Kommunikationen großteils auf die örtliche soziale Gruppe, also auf die einzelnen Familien der Siedlung, beschränkt sind. Dieser Siedlungstyp verfügte über ein begrenztes Umland und wurde von Familien dominiert, die untereinander – meist durch Heirat – verbunden waren. Darüber hinausgehende Kontakte waren beschränkt oder gar nicht vorhanden. Zu diesem Typ zählen MH-Siedlungen wie Lerna und Asine in der Argolis oder Nichoria in Messenien.
2. Über den einzelnen Ort hinausgehende Gemeinschaften, die ganze Täler mit mehreren Siedlungen umfassten und wirtschaftlich und hinsichtlich der sozialen Kontakte eine gewisse Einheit bildeten. Sowohl bezüglich der Produktion, wie der Konsumation von Gütern gingen die Orte dieser Einheiten über den Eigenbedarf hinaus und stellten somit eine engere Entität dar, die sich archäologisch durch die Verwendung gleicher, oft an ein und demselben Ort produzierter Keramik manifestierte. Solche Entitäten stellten in MH III vor allem etwa das Tal von Nemea, das Gebiet von Kleonai oder das Berbati-Tal im Zentrum der Argolis mit der Burg von Prosymna dar.
3. Der dritte Typ schließlich umfasste gesamte (größere) Regionen, die – meist geographisch zusammenhängend – über lange Zeit intensive wirtschaftliche Kontakte und gesellschaftliche Beziehungen pflegten. Die für diesen Typus charakteristische lange Dauer der Zusammengehörigkeit ist durch wirtschaftliche Kontakte (Handel) allein nicht zu erklären, sondern verlangt wohl nach einem steten, auch personellen Austausch zwischen den beteiligten Regionen. Diesen dritten Typ, der sich am deutlichsten ins Späthelladikum fortzusetzen in der Lage war, repräsentieren – neben einzelnen Inseln zusammen mit den nächstgelegenen Küstengebieten, wie Aigina – am deutlichsten die Innere Argolis mit Argos als Zentrum sowie die Korinthia inklusive dem gebirgigen Grenzstreifen zur Argolis mit Mykene. Aber auch das Kopaisbecken in der zentralen Boiotischne Ebene mit Eutresis und dann auch Orchomenos oder die Küstenstreifen nördlich und südlich des Korinthischen Golfes mit einem möglichen Zentrum in

Kirrha am Parnassos sind diesem Modell ebenso zuzurechnen wie der westliche Küstenstreifen Messeniens mit dem Mittelpunkt in Pylos.[188]

Ein besonderes Kennzeichen des (über-)regionalen Typs ist es auch, dass er nicht nur die einzelnen Siedlungen des jeweils betreffenden Gebietes in das sozio-ökonomische Gefüge einbezogen hat, sondern auch periphere Gruppen, die nicht in den Siedlungen oder deren unmittelbaren Umfeld lebten, jedoch die Randgebiete – vor allem gebirgigere Regionen – bewohnten. Diese Gruppen, zu denen Jäger und Hirten aber auch Seeleute zählten, bereicherten nicht nur die Wirtschaft der jeweiligen Region, sondern wurden durch die persönlichen Beziehungen auch immer stärker in die Gemeinschaften integriert. Aufgrund ihrer – berufsbedingten – häufigeren und weiterreichenden Kontakte trugen diese Personen vielfach das Potential zur Übernahme von Führungspositionen in sich. Diese Entwicklung begann in der zweiten Phase des Mittelhelladikums und führte zur verstärkten Bildung von politischen und militärischen Eliten.

Am Ende des Mittelhelladikums repräsentierten sich Angehörige dieser Elite zunehmend in bildlichen Darstellungen auch als Krieger. Dies ist in Aigina früher und stärker bemerkbar als auf dem Festland, doch folgten bald auch die meeresnahen Regionen des östlichen Griechenland. Archäologisch nachweisbar ist diese Repräsentation der (Krieger-)Eliten auf Goldringen oder Steinreliefs, auf denen diese Personen als Jäger oder Krieger dargestellt sind. In besonders eindrucksvoller Form tritt diese Repräsentation einer Führungsschicht jedoch in den Funden aus den Gräbern des noch ins späte Mittelhelladikum datierenden Gräberrundes B von Mykene vor Augen.

Architektur

Die Architektur der mittelhelladischen Orte war einfacher als in FH und kannte nur Einzelhäuser. Die Gebäude, meist Rechteckbauten,

---

188 Weitgehend entspricht diese Region wohl der späteren (mykenischen) »Diesseitigen Provinz« des Reiches von Pylos.

Oval- oder Apsidenhäuser, waren auf Steinsockeln mit Lehmmauern errichtet. Erst am Ende der Epoche findet man auch komplexere, mehrräumige Bauten, bei denen an einen zentralen Raum ein oder zwei Vorratsräume angebaut wurden, wie sie sowohl in Lerna als auch auf der Aspis von Argos nachweisbar sind.

Anders als auf der Insel Aigina kennen die Siedlungen des mittelhelladischen Festlandes zunächst keine Befestigungen – vor allem keine, die mit frühhelladischen Fortifikationen oder jenen auf Aigina vergleichbar wären. Erst in der letzten Phase der Mittelbronzezeit (MH III) wurden auch auf dem Festland einzelne Siedlungen mit (einfacheren) Befestigungswerken umgeben. An fortifikatorischen Architekturelementen kannte das Mittelhelladikum im Wesentlichen nur zwei Formen: die aus meist unbehauenen Steinen errichtete, massive, bis zu 3,5 Meter dicke Umfassungsmauer, welche die Siedlung einschloss, sowie turmartige Konstruktionen, welche die Mauer an bestimmten Stellen verstärkten. Bei den mittelhelladischen Verteidigungswerken – als solche muss man solche Anlagen wohl interpretieren – handelte es sich somit um Bauten, die zwar in MH III entstanden sind, verglichen mit Befestigungsanlagen des Frühhelladikums aber keinerlei Neuerungen oder Verbesserungen aufweisen, sondern genau genommen meist primitiver waren und eigentlich einen fortifikatorischen Rückschritt darstellen. Es ist somit wohl nicht notwendig, anzunehmen, dass der Bau solcher Befestigungen auf den Einfluss oder die Vermittlung aus Gebieten außerhalb des Festlandes – aus Kreta oder gar dem Vorderen Orient und Anatolien, die bautechnisch deutlich weiter entwickelt waren, – veranlasst wurde.[189] Eine gewisse Vorreiterrolle, beziehungsweise eine Vorbildfunktion, könnte allerdings Aigina erfüllt haben, da auf dem Kolonna-Hügel eine ununterbrochene Tradition im Bau von – sehr komplizierten – Befestigungsanlagen bereits seit dem Frühhelladikum bestanden hat.

Solche bis ins Mittelhelladikum zurückreichenden Befestigungen des griechischen Festlandes existieren auf der Aspis in Argos, die sogar mit zwei Ringmauern umgeben war, in Kiapha Titi, wo auch eine Toranlage feststellbar ist, und Brauron (Attika) mit einer erhaltenen Mauerhöhe

---

189 Alusik 2010, 885–889.

von zwei Metern. In Messenien existieren Befestigungsmauern in Pylos, dessen ausgedehnte allerdings nur teilweise erhaltenen Fortifikationen unter anderem auch eine als Wächterhaus vermutete Kostruktion aufweisen, in Peristeria und Malthi mit seinem noch vollständig sichtbaren Mauerzug, wobei in diesen beiden Stätten die Datierung der Umfassungsmauer ins Mittelhelladikum unsicher ist, da von Teilen der Forschung eher eine erst späthelladische Provenienz der Mauer angenommen wird. Als besonders instruktives Beispiel einer großen mittelhelladischen Siedlung im Zentrum eines stark besiedelten und wirtschaftlich prosperierenden Gebietes sei im Folgenden die archäologische Stätte auf der Aspis von Argos und ihre Bebauungsphasen kurz vorgestellt:

Abb. 64: Die Aspis von Argos

Beschreibung der MH-Siedlung auf der Aspis von Argos

Im Nordwesten der Stadt Argos liegt ein flacher Hügel, dessen Form an einen griechischen Rundschild erinnert und demnach Aspis genannt wurde. Im obersten Teil dieses Hügels befinden sich die Überreste einer bedeutenden mittelhelladischen Siedlung, die sich über die gesamte obere Hügelkuppe erstreckt. Die archäologischen Funde bezeugen eine

Besiedelung in drei ununterbrochenen Phasen: Phase 1 stammt aus der Übergangszeit MH I–II, Phase 2 aus MH II A und Phase 3 schließlich aus MH III B–SH I.

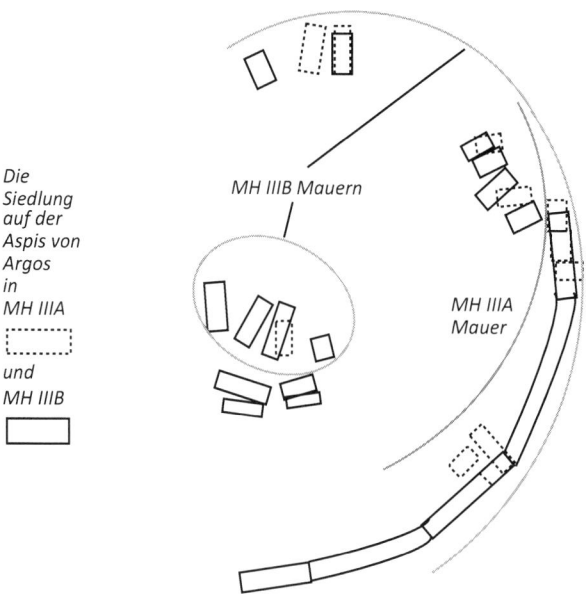

Abb. 65: Plan der Aspis von Argos

Aus der ersten Phase der Besiedelung sind nur keramische Zeugnisse aber keine Baureste vorhanden. Aus der zweiten Phase (MH III A) stammen drei Gebäude – zwei rechteckbauten und ein Apsidenhaus – im Südosten, zwei parallel angeordnete Häuser im Norden, fünf Rechteckbauten im Osten sowie ein Apsidenhaus im Zentrum des Areals.

All diese Gebäude befinden sich teils innerhalb teils auch außerhalb einer aus kleineren Bruchsteinen errichteten massiven, vermutlich ringförmigen Umfassungsmauer aus derselben Phase.

Aus der dritten Phase (MH IIIB – SH I), die dichter besiedelt war und in der die Siedlung mit einem weiter außen errichteten Wall in Kyklopnbauweise umschlossen war, sind drei halbkreisförmig in Reihe an-

7.4 Mittelhelladikum

Abb. 66: Apsidenhaus auf der Aspis

gelegte Rechteckbauten im Südosten erhalten. Diese Bauten und zwei ähnliche Gebäude im Osten verfügen über jeweils drei Räume und hatten vermutlich auch ein Obergeschoß. Ähnliche Rechteckbauten befinden sich auch – halbkreisförmig angeordnet – auf der Spitze des Hügels, sowie im Zentrum der gesamten Anlage, welches mit einer inneren Peribolosmauer umwallt wurde.

Abgesehen vom dichten Bestand an auf Steinsockel mit Lehmmauern errichteten Gebäuden fällt die starke Befestigung der Siedlung mit einer Umfassungsmauer aus MH III A, einer weiteren aus MH III B sowie einer inneren Befestigung (ebenfalls aus MH III B) ins Auge. Möglicherweise lässt sich dieses offensichtlich verstärkte Bestreben nach Sicherheit in MH III B mit dem zeitgleichen politischen Aufstieg der Herrscher von Burgen mit massiven Befestigungsanlagen in der weiteren Umgebung – in erster Linie wohl der Burgherren von Mykene – erklären.

Abb. 67: Mittelheladische Siedlungsreste auf der Aspis von Argos

Bestattungswesen

Die Gräber des Mittelhelladikums befanden sich in den Siedlungen oder in Nekropolen, wobei Einzelbestattungen (Grubengräber, Steinkisten, Pithoi, vereinzelt auch Tumulusgräber, wie sie in der westlichen Peloponnes, der Argolis oder in Attika auftraten) vorherrschten.[190] In einzelnen Gebieten sind hier Traditionen zu bemerken, die oft schon Jahrhunderte zurückreichen. Größere, reichere Gräber entstanden durch minoischen Einfluss in der Religion. An den Gräbern fand kein nachweisbarer Kult statt, was aus dem weitgehenden Fehlen von Beigaben ersichtlich ist. Bei Nachbestattungen wurden schließlich die Gebeine beseitigt. Man stellte sich die Seele also nicht im Grab vor, was das Fehlen von Totenkult oder Ahnenverehrung erklärt. Auch fand man bislang keine deutlich als kultisch genutzten Räume oder Heiligtümer und Kultfiguren aus dem Mittelhelladikum. Am Ende stand schließlich eine, wohl unter kretischem

---

190 Zu den im Mittelhelladikum gebräuchlichen Bestattungsformen siehe Phialon 2010, 397–402.

Einfluss stattgehabte, auffallende Änderung des Totenkultes: Man legte nun tief in die Erde versenkte Einzelgräber, die sog. Schachtgräber, an. Insgesamt zeigen die Gräber in MH III ein Bestreben nach einer auf Prestigegewinn intendierten Repräsentation einer sich formierenden Elite. Zwar gibt es auch zuvor schon Ausdrucksformen einer elitären Gesellschaft, doch drückten sich diese regional sehr unterschiedlich aus, in Importstücken aber auch in Grabformen. Die markanten Gräber der Phase MH III sind jedoch ein deutliches Zeugnis für eine sich konsolidierende Elite, die sich durch materiellen Gewinn und Kontakte nach außen (Kreta) im Aufstieg befand und ihren politischen Einfluss ausweitete, wobei nicht impliziert werden soll, dass die Gesellschaft des griechischen Festlandes vor der Phase MH III egalitär gewesen wäre.[191]

Religion

Aus archäologischer Sicht besteht das Problem, dass aus der gesamten Zeit des Mittelhelladikums kaum Material vorliegt, welches auf Kult – egal in welcher Form – hindeuten würde. Der klare Schluss daraus kann nur sein, dass kultische Aktivitäten dieser Zeit nicht im öffentlichen Raum stattgefunden haben, sondern vielmehr in der Form von »Hauskulten«. Hierbei spielten vor allem die – oft auch künstlerisch ausgestalteten – Herde eine besondere Rolle. Diese stellten wohl auch die Verbindung zu öffentlichen Kulten dar, die man hier besser als »Gemeinschaftsrituale« bezeichnen sollte. Zur Abhaltung derselben bildete der Herd in der Wohnstätte des lokalen Herrschers das Zentrum religiöser Aktivitäten des gesamten Gemeinwesens und zuweilen auch einer ganzen Region.

Eine ebenfalls gemeinschaftsbildende Funktion und die Menschen eines Gebietes auch kultisch repräsentierende Rolle hatten Begräbnisse. Dass religiöse Rituale im Zusammenhang mit Begräbnissen stattfanden, versteht sich von selbst, doch erlangten solche Rituale eine Bedeutung, welche die gesamte Bevölkerung tangierte, sobald es sich beim Bestatteten um einen Angehörigen der politisch führenden Elite handelte. In diesem Fall wurden die Begräbnisse und auch die Begräbnisstätten selbst zum Kristallisationspunkt von Gemeinschaftsritualen. Dem entspricht

---

191 Petrakis 2010, 403–416.

auch die sich im Mittelhelladikum entwickelnde Sitte, über den Gräbern – mancherorts sehr gewaltige – weithin sichtbare Grabhügel zu errichten. Allerdings konnten solche Tumuli auch an und für sich Orte zentraler Kulte sein ohne – zumindest vorerst – als Grabstätten zu dienen. So wurde etwa in Lerna der über dem frühminoischen Zentralbau, in mittelhelladischer Zeit errichtete große Tumulus zunächst nur als Ort kultischer Aktivitäten und erst später auch als Begräbnisstätte gedient haben – beides jedoch mit Bedeutung für die gesamte Gemeinschaft. Gleichzeitig dienten solche markanten Hügel wohl auch als Zeichen territorialer Ansprüche einer Bevölkerung. Als solche waren sie sichtbarer Ausdruck und Symbol für die Verbindung von Land und Menschen, die auch über den Tod hinaus (als Grab) Gültigkeit hatte. Damit gewannen diese Tumuli, die (Grab-)Hügel, und die an ihnen vollzogenen Riten gleichsam die Bedeutung eines ›Staatskultes‹ für die betreffenden Gemeinschaften.[192]

Generell erscheint das Mittelhelladikum wesentlich ärmer und primitiver als das Frühhelladikum. Erst in MH III zeigt sich ein allmählicher Aufschwung durch die Handels-Kontakte mit Kreta, die in den Orten an der Ostküste des Festlandes das gesamte Mittelhelladikum nicht abgerissen waren.[193] Das Mittelhelladikum zeigt in Mittelgriechenland und der Peloponnes einen fließenden Übergang zum Späthelladikum (1700) ohne neue Elemente oder einen Bruch. Allerdings kann man in gewisser Weise von einer Minoisierung der Kultur sprechen. Während nämlich anfangs nur Landwirtschaft und Viehzucht, aber kaum Handel und Gewerbe existierten, was im Vergleich mit dem Frühhelladikum das Bild einer ärmlichen, primitiven Kultur erzeugt, ist in MH III durch den Kontakt zu den Kykladen, vor allem aber zu Kreta ein steiler Aufschwung bemerkbar, der in der mykenischen Kultur gipfelte. So es ist wohl verständlich, weshalb ein Bild entsteht, dass eine sich selbst genügende Bauern- und Hirtengesellschaft sich allmählich zu einer auch nach Außen orientierten Handwerker- Händler- und Kriegerelite mit politischem Machtbewusstsein wurde. Zu erklären ist diese Entwicklung einerseits durch das Auftreten kretischer Händler in Handelsstützpunkten auf dem Festland ab MH III und andererseits durch die Anwe-

---

192 Siehe Whittaker 2010, 535–541.
193 Zerner/Rutter 1984 75–83.

senheit von Söldnern vom Festland in Kreta und Ägypten. Im Norden bestand eine auffallende Kontinuität vom Neolithikum zum MH, wobei erst allmählich MH-Elemente aus dem Süden (auf dem Seeweg) in Thessalien eindrangen.

Wie schon angedeutet, erfolgte diese Entwicklung jedoch lokal sehr unterschiedlich und nur in einigen Regionen (im Osten des Festlandes), abhängig von lokalen Traditionen und unterschiedlichen äußeren Einflüssen. Auch war in einzelnen Gebieten wie der Argolis der Aufstieg mancher Orte (wie Mykene) – abgesehen von der verkehrstechnisch günstigen Lage an einer Inlandsroute – durchaus begünstigt durch den Niedergang bislang führender Orte außerhalb des Festlandes, wie z. B. der Kolonna-Siedlung auf der Insel Aigina.

Zusammenfassend sollen an dieser Stelle noch einmal kurz die wesentlichen Punkte erwähnt werden, welche die letzte Phase des Mittelhelladikums (MH III), die bereits zur mykenischen Zeit überleitet, charakterisieren. Basierend auf einem starken Bevölkerungswachstum stieg die Siedlungsdichte, sodass sich auch ein verändertes Besiedelungsmuster ergab, insofern als bislang schwach oder gar nicht besiedelte Orte und Gebiet nun mehr – zum Teil auch große –Ansiedelungen aufweisen konnten. Viele von diesen waren nicht nur größer als die älteren sondern auch durchaus planmäßig angelegt. Innerhalb dieser Gemeinschaften kam es zu einer stärkeren sozialen und ökonomischen Differenzierung sowie zur Entstehung politischer Eliten. Letztere sonderten sich zudem von der restlichen Bevölkerung ab, indem sie ihre befestigten Wohnsitze auf Hügel verlegten, von denen aus sie die wichtigsten Handelsrouten kontrollierten. Diese ausgeprägte und selbstbewusste Oberschicht, die verstärkt auch Kontakte zum ›Ausland‹, besonders zum minoischen Kreta, pflegte, repräsentierte sich auch in ihren Gräbern, indem sie ihre Toten nicht mehr in den üblichen Steinkistengräbern sondern in tief in die Erde eingesenkten Schachtgräbern beisetzten. Das deutlichste Beispiel hierfür stellen die Bestattungen im Schachtgräberrund B von Mykene dar, dessen archäologische Funde, d. h. die Grabbeigaben, auch davon zeugen, dass das Selbstverständnis der hier Bestatteten stark mit den Bereichen Jagd und Krieg assoziiert war.[194]

---

194 Zu dieser Endphase des Mittelhelladikums siehe Deger-Jalkotzy/Hertel 2018, 28–31.

Literaturverzeichnis

Allen Susan H. 1999: Finding the Walls of Troy. Frank Calvert and Heinrich Schliemann at Hisarlik.
Alram-Stern Eva 2004: Die Ägäische Frühzeit 2.1. Die Frühbronzezeit in Griechenland, Wien
Alram-Stern Eva, 1996: Die Ägäische Frühzeit, 2. Serie. Forschungsbericht 1975–1993, 1.Bd. Das Neolithikum in Griechenland mit Ausnahme von Kreta und Zypern Wien.
Alusik Tomas 2010: Middle Helladic and Middle Minoan Defensive Architecture: A Comparision, in: Philippa-Touchais Anna u. a. (Hgg.), 2010, 885–889.
Barber Robin L.N./MacGillivray Alexander 1980: The Early Cycladic Period: Matters of Definition and Terminology, in: AJA 84, 141–157
Baebler Balbina, 2004, Archäologie und Chronologie, Darmstadt.
Barber Robin L.N., 2012: Cyclades, in: Cline Eric H. (Hg.), 2012, 126–136.
Bartonek Antonin 2003: Handbuch des mykenischen Griechisch, Heidelberg.
Bennet John 1987: Knossos and LM III Crete: A Post-Palatian Palace?, in: Hägg Robin/Marinatos Nanno, The Function of Minoan Palaces, Stockholm, 307–312.
Bintliff John 2010: The Middle Bronze Age through the Surface Survey Record of the Greek Mainland: Demographic and Sociopolitical Insights, in: Philippa-Touchais Anna u. a. (Hgg.), 2010, 755–763.
Brandau Birgit u. a. 2004: Troia wie es wirklich aussah. München.
Brandau Birgit 1997: Toia. Eine Stadt und ihr Mythos. Die neuesten Entdeckungen. Bergisch Gladbach.
Branigan Keith 1993: Dancing with Death: Life and Death in Southern Crete c. 3000–2000 B.C., Amsterdam.
Branigan Keith 1970: The Tombs of Mesara: A Study of Funerary Architecture and Ritual in Southern Crete, 2800–1700 B.C., London.
Branigan Keith 1998: Cemetary and Society in the Aegean Bronze Age (Sheffield Studies in Aegean Archaeology 1), Sheffield
Broodbank Cyprian 1989: Migrant Farmers and the Neolithic Colonisazion of Crete, in: Antiquity 65, 1989.
Broodbank Cyprian, 1989: The Longboat and Society in the Cyclades in the Keros-Syros Culture. AJA 87. 319–337.

Burns Brian E. 2012: Trade, in: Cline Eric H. (Hg.), 2012, 291–304.
Busolt Georg 1885: Griechische Geschichte. Bis zur Schlacht bei Chaeroneia, Gotha.
Cadogan Gerald 1976: Places of Minoan Crete, London.
Chaniotis Angelos (Hg.), 1999: From Minoan Farmers to Roman Traders: Sidelights on the Economy of Ancient Crete, München.
Cherry John F., Politics and Palaces, 1986: Some Problems in Minoan State Formation, in: Renfrew Colin/Cherry Jack F. (Hgg.), Polity Interaction and Socio-Political Change, New York, 19–45.
Cherry John F./Davis Jack L. 1982: The Cyclades and the Greek Mainland in LCI. The Evidence of the Pottery, AJA 86, 333–341.
Cherry John F. 1984: The Emergence of the State in the Prehistoric Aegean, in: Proceedings of the Cambridge Philological Society 210 18–48.
Cherry John F. 1990: The first Colonisation of the Aegean Islands: A Review of Recent Research, in: JMA 3, 145–221.
Cline Eric H. 1987: Amenhotep III and the Aegean: A Reassessment of Egypto-Aegean Relations in the 14th century BC, in: Orientalia 56, 1–36.
Cline Eric H. 1999: The Nature of the Economic Relations of Crete with Egypt and the Near East during the Bronze Age, in: Chaniotis Angelos (Hg.), From Minoan Farmers to Roman Traders: Sidelights on the Economy of Ancient Crete, München, 115–143.
Cline Eric H. (Hg.), 2012: The Oxford Handbook of the Bronze Age Aegean, Oxford.
Colburn Cynthia S. 2008: Exotica and the Early Minoan Elite: Eastern Imports in Prepalatial Crete, in: AJA 112, 203–224.
Coleman John E. 2002: An Archaeological Scenario fort the »Coming of the Greeks« ca. 3200 B.C., in: Journal of Indo-European Studies 28, 101–153.
Coleman John E. 1977: Keos I. Kephala: A Late Neolithic Settlement and Cemetery, Princeton.
Courtois Jacques-Claude u. a., 1986: Enkomi et la Bronze Récent à Chypre, Nikosia.
Crewe Lindy 2007: Early Enkomi: Regionalism Trade and Society at the Beginning of the Late Bronze Age on Cyprus (= BAR-IS 1706), Oxford.
Cullen Tracey 2001: Aegean Prehistory: A review, Boston.
Curtius Ernst, 1857: Griechische Geschichte, Berlin.
Davis John L./Cherry John F. (Hgg.), 1979: Papers in Cycladic Prehistory, Los Angeles.
Day Peter M./Relaki Maria, 2002: Past Factions and Present Fictions: Palaces in the Study of Minoan Crete, in: Monuments of Minos, 217–234.
Deger-Jalkotzy Sigrid/Hertel Dieter 2018: Das mykenische Griechenland, München.
Demakopoulou Katie (Hg.), 1988: Das mykenische Hellas. Heimat der Helden Homers.

Demoule Jean-Paul/Perlès Cathérine 1997, The Greek Neolithic: A New Review, in: Journal of World Prehistory 7/4, 355–416.

Dickinson Oliver T. P. K. 1994: The Aegean Bronze Age. Cambridge.

Dickinson Oliver T. P. K. 1984: Cretan Contacts with the Mainland during the Period of the Shaft Graves, in: Hägg Robin/Marinatos Nanno, The Minoan Thalassocraty: Myth and Reality. Stockholm 115–118.

Doumas Christos 1977: Early Bronze Age Burial Habits in the Cyclades (SIMA 48), Göteborg.

Doumas Christos 1992: The Wall-paintings of Thera, Athen.

Doumas Christos 1983: Thera: Pompeii of the Ancient Aegean, London.

Driessen Jan/Macdonald Colin, 1997: The Troubled Island. Minoan Crete before and after the Santorini Eruption (Aegaeum 17), Liège.

Driessen Jan 2012: Malia, in: Cline Eric H. (Hg.), 2012, 556–570.

Driessen Jan, 2001: History and Hierarchy: Preliminary Observationes on the Settlement Pattern of Minoan Crete, in: Branigan Keith (Hg.) Urbanism in the Aegean Bronze Age, Liège, 51–71;

Driessen Jan, 2002: The King Must Die. Some Observations on the Use of Minoan Court Compounds, in: Driessen Jan u. a., Monuments of Minos, Liège, 1–14.

Driessen Jan 1982: The Minoan Hall in Domestic Architecture on Crete: To be in Vogue in Late Minoan I A, in: Acte Lovanensia 21, 27–92.

Evans John D./Renfrew Colin 1968: Excavations at Saliagros near Antiparos, London.

Fitton Lesley 1989: Cycladic art, London.

Forsén Jeannette 2012: Mainland Greece, in: E.H.Cline (Hg.), 2012, 53–65.

Forsén Jeannette 1992: The Twilight in the Early Helladics. A Study of the Disturbances in East-Central and Southern Greece towards the End of the Early Bronze Age, Jonsered (SIMA 116).

French Elisabeth B./Wardle Kenneth A. 1988: Problems in Greek Prehistory, Bristol.

Gale Noel H. (Hg.), 1991: Bronze Age Trade in the Mediterranean (SIMA 90), Göteborg.

Gauss Walter 2012: Aegina Kolonna, in: Cline Eric H. (Hg.), 2012, 738–751.

Getz-Preziosi Patricia 1989: Early Cycladic Sculpture: An Introduction, Malibu 1985 und L. Fitton, Cycladic art, London.

Gray Dorothea u. a. (Hgg.), 1974: Seewesen (Archaeolodia Homerica I), Göttingen,

Gsell Geraldine 1985: Town, Palace and House Cult in Minoan Crete (SIMA 67), Götheborg.

Hägg Robin/Marinatos Nanno 1984: The Minoan Thalassocracy: Myth and Reality. Stockholm.

Hägg Robin/Marinatos Spiridon 1987: The Function of Minoan Palaces, Stockholm.

Hallager Erik 2012: Crete, in: Cline Eric H. (Hg.), 2012, 149–159.

Halstead Paul 1988: On Redistribution and the Origin of Minoan-Mycenaean Palatial Economies, in: French Elisabeth. B./Wardle Kenneth A., Problems in Greek Prehistory, Bristol, 519–530.

Hampl Franz 1975: ›Mythos‹ – ›Sage‹ – ›Märchen‹, in: Weiler Ingomar (Hg.), Geschichte als kritische Wissenschaft II, Darmstadt, 1–50.

Hampl Franz 1975: Die Ilias ist kein Geschichtsbuch, in: Weiler Ingomar (Hg.), Geschichte als kritische Wissenschaft II, Darmstadt, 51–99.

Haymes Edward R. 1977: Das mündliche Epos. Eine Einführung in die »Oralpoetry-Forschung«, Stuttgart.

Heath Wiencke Martha 2012: Lerna, in: Cline Eric H. (Hg.), The Oxford Handbook of the Bronze Age Aegean, Oxford, 660–670.

Heltzer Michael 1989: The Trade of Crete and Cyprus with Syria and Mesopotamia and their Eastern Tinsources in the XVII–XVII century B.C., in: Minos 24, 7–27.

Heltzer Michael 1988: Trade Relations between Ugarit and Crete, in: Minos 23, 7–13.

Hertel Dieter 2001: Troia. Archäologie, Geschichte, Mythos. München.

Higgins Reynold A. 1973: The Archaeology of Minoan Crete, London.

Hitchcock Louise A. 2000: Minoan Architecture: A Contextual Analysis (SIMA 155), Jonsered.

Holm Adolf 1886: Geschichte Griechenlands bis zum Ausgang des 6. Jahrhunderts v. Ch., Berlin.

Hood M. Sinclair F. 1971: The Minoans, London.

Hutchinson Richard W. 1962: Prehistoric Crete, London.

Karageorghis Vassos/Michaelidis Dimitrios (Hgg.), 1996: The Development of the Cypriot Economy from the Prehistoric Period to the Present Day, Nikosia.

Karetsou Alexandra 1981: The Peak Sanctuary of Mt. Jukhtas, in: Hägg Robin/Marinatos Nanno, Sanctuaries and Cults in the Aegean Bronze Age, Stockholm, 137–153.

Kemp Barry J./Merillees Robert S. 1989: Minoan Pottery in Second Millennium Egypt, Mainz.

Keswani Priscilla S. 1996: Hierarchies, Heterarchies and Urbanisation Processes: The View from Bronze Age Cyprus, in JMA 9, 211–249.

Keswani Priscilla S. 2004: Mortuary Ritual and Society in Bronze Age Cyprus, London.

Knapp A. Bernard 1997: The Archaeology of Late Bronze Age Society: The Study of Settlement, Survey and Landscape, Glasgow.

Knapp A. Bernard 1996: The Bronze Age Economy of Cyprus: Ritual, Ideology and the Sacred Landscape, in: Karageorghis Vassos/ Michaelidis Dimitrios (Hgg.), The Development of the Cypriot Economy from the Prehistoric Period to the Present Day, Nikosia, 71–106.

Koppenhöfer Dietrich 1997: Troia VII. Versuch einer Zusammenschau einschließlich der Ergebnisse des Jahres 1995 in: Studia Troica 7, 295–353.

Korfmann Manfred (Universität Tübingen) und Rose B. (University of Cincinnati) in der Reihe Studia Troica (1991 ff.)
Latacz Joachim (Hg.), 1979: Homer. Tradition und Neuerung, Darmstadt.
Long Charlotte R. 1974: The Ayia Triadha Sarcophagus. A study of Late Minoan and Mycenaean Funerary Practices and Beliefs, in: SIMA 41, Göteborg.
MacGillivray J. Alexander/Barber Robin L.N. (Hgg.), 1984: The Prehistoric Cyclades, Edinburgh.
Manning Sturt W. 1988: The Bronze Age Eruption of Thera: Absolute Dating, Aegean Chronology, and Mediterranean Cultural Interrelations, in: JMA 1, 17–82.
Manning Sturt W. 1990: The Thera Eruption: The third Congress, and the Problem of the Date, in: Archeometry 32, 91–100.
Maran Joseph 1995: Kulturwandel auf dem griechischen Festland un den Kykladen im späten dritten Jahrtausend v. Chr., Heidelberg.
Marinatos Nanno 1987: Public Festivals in the West Courts of the Palaces, in: R. Hägg/N.Marinatos, The Function of Minoan Palaces, Stockholm, 135–143.
Marinatos Nanno 1986: Minoan sacrificial ritual. Cult Practice and Symbolism, Stockholm.
Marinatos Spiridon 1974: Das Schiffsfresko von Akrotiri, Thera, in: GrayDorothea Dorothea u. a (Hgg.), Seewesen (Archaeolodia Homerica I), Göttingen, 140–151.
Mathers Clay/Stoddart Simon (Hgg.), 1994: Development and Decline in the Mediterranean Bronze Age, Sheffield.
McEnroe John 1982: A Typology of Minoan Neopalatial Houses, in AJA 86, 3–19.
Mee Christopher 2012: Death and Burial, in: Cline Eric H. (Hg.), The Oxford Handbook of the Bronze Age Aegean, Oxford, 277–290.
Melas E. Manolis 1988: Minoans Overseas: Alternative Models of Interpretation, in: Aegaeum 2, , 47–70.
Morris Sarah P. 1989: A Tale of Two Cities.The Minatutre Frescoes from Thera and the Origins of Greek Poetry, in: AJA 93, 511–535.
Moutnjoy Penelope 1997: Troia Phase VIf and Phase VIg, in: Studia Troica 7, 275–294.
Moutnjoy Penelope 1999: The Destruction of Troia VIh, in: Studia Troica 9, 253–293.
Moutnjoy Penelope 1999: Troia VII reconsidered, in: Studia Troica 9, 295–346.
Murphy Joanne M. 1998: Ideologies, Rites and Rituals: A View of Prepalatial Minoan Tholoi, in: K.Branigan, Cemetary and Society in the Aegean Bronze Age (Sheffield Studies in Aegean Archaeology 1), Sheffield, 27–40.
Niemeier Wolf-Dietrich 1995: Aegina, First Aegean State outside Crete, in: Laffineur Robert/Niemeier Wolf-Dietrich (Hgg.) Politeia (Aegaeum 12), 73–80.
Niemeier Wolf-Dietrich, 1982: Mycenaean Knossos and the Age of Linear B, in: SMEA 23, 219–287.

Parkinson William A./Galaty Michael L. 2007: Secondary States in Perspective: An Integrated Approach to State Formation in the Prehistoric Aegean, in: American Anthropologist 109,1, 113–129.

Peatfield Alan A.D. 1990: Minoan Peak Sanctuaries: History and Society, in: Op. Ath. 18, 117–132.

Peatfield Alan A.D. 1987: Palace and Peak: the Political and Religious Relationship between Palaces and Peak Sanctuaries, in: Hägg Robin/Marinatos Nanno, The Function of Minoan Palaces, Stockholm, 89–93.

Peltenburg Edgar J. (Hg.), 1989: Early Society in Cyprus, Edinburgh.

Peltenburg Edgar J. 1996: From Isolation to State Formation in Cyprus, c. 3500–1500 B.C., in: Karageorgis Vassos/Michaelidis Dimitrios (Hgg.), The Development of the Cypriot Economy from the Prehistoric Period to the Present Day, Nikosia, 17–44.

Perlès Cathérine 1993: Réflexion sur l'origine du Néolithique du Grèce, in: Cota Zero 9, 9–16.

Petrakis Vassilis P. 2010: Diversity in Form and Practice in Middle Helladic and Early Mycenaean Elaborate Tombs. An Approach to Changing Prestige Expression in Changing Times, in: Philippa-Touchais Anna u. a. (Hgg.), 2010, 403–416.

Phialon Laetitia 2010: Funarary Practices in Central Greece from the Middle Helladic into the Early Mycenaean Period, in: Philippa-Touchais Anna u. a. (Hgg.), 2010, 397–402.

Philippa-Touchais Anna 2010: Settlement Planing and Social Organisation in Middle Helladic Greece, in: Philippa-Touchais Anna u. a. (Hgg.), 2010, 781–801.

Philippa-Touchais Anna u. a. (Hgg.), 2010: Mesohelladika, La Grèce Continentale au Bronze Moyen (BCH Supplément 529), Athen.

Popham Mervyn R. 1970: The Destruction oft the Palace of Knossos. Pottery of the Late Minoan III A Period (SIMA 12), Göteborg.

Pulak Cemal 1988: The Bronze Age Shipwreck at Ulu Burun, Turkey, in: AJA 92, 1–37.

Reingruber Agthe 2008: Die deutschen Ausgrabungen auf der Argissa-Magoula 2, Die Argissa-Magoula. Das frühe und beginnende mittlere Neolithikum im Lichte transägäischer Beziehungen, Bonn.

Renfrew Colin 2012: Cyclades, in: Cline Eric H. (Hg.), 2012, 83–95.

Renfrew Colin 1991: The Cycladic Spirit, London.

Renfrew Colin 1972: The Emergence of Civilisation: The Cyclades and the Aegean in the third millennium B.C., London.

Runnels Curtis/Murray Priscilla 2001: Greece before History: An Archaeological Companion and Guide. Stanford.

Rutkowski Bogdan 1988: Minoan Peak Sanctuaries: the Topography and Architecture, in Aegaeum 2, 71–98.

Rutter Jeremy B., Aegaean Prehistoric Archaeology http://www.dartmouth.edu/

Sakellarakis Efi/Sakellarakis Jannis A. 1984: The Keftiu and the Minoan Thalassocracy, in: Hägg Robin/Marinatos Nanno, The Minoan Thalassocraty: Myth and Reality. Stockholm 197–202.
Sakellarakis Jannis A./Sapouna-Sakellaraki Efi, 1997: Archanes: Minoan Crete in a New Light, Athen.
Sakellarakis Jannis A./Sapouna-Sakellaraki Efi, 1991: Archanes, Athen.
Schachermeyr Fritz 1983: Die griechische Rückerinnerung im Lichte neuer Forschung, Wien.
Schachermeyr Fritz 1984: Griechische Frühgeschichte, Wien.
Schiering Wolfgang 1969: Archäologische Institute bzw. Schulen in Athen und Ausgrabungen in Griechenland und Kleinasien seit 1875, in: Hausmann Ulrich, Allgemeine Grundlagen der Archäologie, München, 122–131.
Schoemann Georg F. 1855: Griechische Alterthümer, Berlin.
Schoep Ilse 2004: Assessing the Role of Architecture in Conspicuous Consumption in the Middle Minoan I–II Periods, in: OJA 23,3, 243–269.
Schoep Ilse 2012: Crete, in: Cline Eric H. (Hg.), The Oxford Handbook of the Bronze Age Aegean, Oxford, 113–125.
Schoep Ilse 2006: Looking beyond the First Palaces: Elites and the Agency of Power in EM III – MM II Crete, in: AJA 110,1, 37–64.
Shelmerdine Cynthia W. 2008: The Cambridge Companion to the Aegean Bronze Age. Cambridge.
Soles Jeffrey S. 1992: The Prepalatial Cemeteries at Mochlos and Gournia and the House Tombs of Bonze Age Crete, Princeton.
Stanley-Price Nicholas P. 1977: Khirokitia and the Initial Settlement of Cyprus, in: Levant 9, 66–81.
Steel Louise 2004: Cyprus before History. From the Earliest Settlers to the End of the Bronze Age, London.
Steel Louise 2012: Cyprus, in: Cline Eric H. (Hg.), The Oxford Handbook of the Bronze Age Aegean, Oxford, 804–819.
Strasser Thomas F./Chapin Anne.P. 2014: Geological Formations in the Flotilla Fresco from Akrotiri, in: Touchais Gilles u. a. (Hgg.), Aegaeum 37, Liège, 57–66.
Strauss Barry S. 2008: Der Trojanische Krieg. Mythos und Wahrheit, Stuttgart.
Tellenbach Michael, 1983: Materialien zum Präkeramischen Neolithikum in Süd-Ost-Europa. Typologisch-stratigraphische Untersuchungen zu lithischen Gerätschaften, Mainz.
Todd Ian A. 1987: Excavations at Kalavasos-Tenta I (= SIMA 71.6), Göteborg.
Tomkins Peter/Schoep Ilse 2012: Crete, in: Cline Eric H. (Hg.), The Oxford Handbook of the Bronze Age Aegean, Oxford, 66–82.
Torrence Robin 1986: Production and Exchange of Stone Tools. Prehistoric Obsidian in the Aegean. Cambridge.
Tyree Loeta 2001: Minoan Sacred Caves: The Natural and Political Landscape, in: Proceedings of the 9th International Congress of Cretan Studies, 1–7 October, Iraklion, 329–342.

Tzonou-Herbst Ioulia 2012: Figurines, in: Cline Eric H. (Hg.), The Oxford Handbook of the Bronze Age Aegean, Oxford, 210–222.
Ulf Christoph (Hg.), 2001: Der neue Streit um Troia. Eine Bilanz, München.
Van Effenterre Henri 1980: Le palais de Malia et la cité minoenne, Rom.
Ventris Michael/Chadwick John 1956: Documents in Mycenaean Greek, Cambridge.
Voutsaki Sophia 2010: The Domestic Economy in the Middle Helladic Asine, in: Philippa-Touchais Anna u. a (Hgg.), 2010, 765–779.
Voutsaki Sophia u. a., 2010: Radiocarbon Analysis and Middle Helladic Lerna, in: Philippa-Touchais Anna u.a (Hgg.), 2010, 641–647.
Walberg Gisela 1976: Kamares: A Study of the Character of Palatial Middle Minoan Pottery (BOREAS 8), Uppsala.
Walter Hans 1983: Die Leute im alten Ägina, Stuttgart
Warren Peter 1981: Minoan Crete and Ecstatic Religion: Preliminary Observations on the 1979 Excavations at Knossos, in: Sanctuaries and Cults, Warren Peter, 1988: Minoan Religion as Ritual Action, Götheborg.
Warren Peter 1989: The Aegean Civilisations, Oxford.
Warren Peter/Hankey Vronwy 1989: Aegean Bronze Age Chronology, Bristol.
Warren Peter 1969: Minoan Stone Vases, Cambridge.
Webb Jennifer M./Frankel David 1999: Characterising the Philia Facies: Material Culture, Chronology and the Origin of the Bronze Age in Cyprus, in: AJA 103, 3–43.
Weiler Ingomar 1988, Griechische Geschichte, Darmstadt 2. Aufl.
Whittaker Helène 2010: Some Thoughts on Middle Helladic Religious Beliefs and Ritual and their Significance in Relation to Social Structure, in: Philippa-Touchais Anna u. a. (Hgg.), 2010, 535–543.
Wiener Malcolm H. 1984: Crete in the Cyclades in LM I: The Tale of the Conical Cups. in: Hägg Robin/Marinatos Nanno, The Minoan Thalassocracy: Myth and Reality. Stockholm, 17–26.
Wright James C. 2010: Towards Social Archaeology of Middle Helladic Greece, in: Philippa-Touchais Anna u. a. (Hgg.), 2010, 803–815.
Younger John G. 1995: Bronze Age Repräsentation of Aegean Bull-Games III, in: Laffineur Robert/Niemeier Wolf-Dietrich (Hgg.) Politeia (Aegaeum 12), 507–545.
Younger John G.1998: Neopalatial, Final Palatial and Postpalatial Crete, in: Aegean Prehistory 7, 91–173.
Zerner Carol W./Rutter Jeremy 1984: Early Hellado-Minoan Contacts, in: Hägg Robin/Marinatos Nanno, The Minoan Thalassocraty: Myth and Reality. Stockholm, 75–83.

Index

A

Administration 79, 101 f., 123
Ahnenkult 71, 80, 103, 110, 113
Apsidenhäuser 162, 166, 174

B

Bergbau 56, 58, 94, 106
Bernstein 38, 109
Bevölkerungswachstum 54, 56, 85, 153, 181
Binnenkolonisation 76

D

Dimini-Wanderung 151
Diskos von Phaistos 85
Doppelaxt 109, 114

E

Elite 121, 160, 173, 179, 181
Erdbeben 36 f., 42 f., 90, 106, 115, 124, 128
Eteokreter 102

F

Fischfang 31, 47, 63, 67, 144, 146
Fruchtbarkeitskult 50, 71, 77
Fürstensitz 81

G

Gemeinschaftsritual 60, 103, 179
Getreide 32, 86, 92, 94, 105 f.
Gewerbe 36, 41, 160, 180
Gipfelheiligtümer 111, 113 f.
Glyptik 132
Gräber 13, 15, 19, 28, 46, 49–51, 54, 56 f., 60, 64, 68, 71 f., 80, 99, 102, 104, 109 f., 120 f., 161, 166, 169, 171, 173, 178 f., 181
Gräberrund B 173, 181

H

Handelswege 66, 90, 134 f., 181
Handwerk 33 f., 41, 51, 59, 68, 105, 142, 158, 160, 180
Hauskult 179
Heiligtum 82, 84, 97, 112, 114 f.
Herrenhäuser 68, 94, 104
Herrscher 85–87, 89 f., 93, 100–104, 108, 123, 154, 177
Hethiter 28, 42, 60–62, 93
Hierarchie 49, 171
Hirten 47, 111, 156 f., 173, 180
Höhle 64, 76, 110, 113, 144, 156

I

Idole 71, 79, 158

Index

J

Jagd 47 f., 50, 67, 144, 146, 181

K

Kaftu 89, 99 f.
Kamares 73, 110, 128, 131
Kammergräber 51, 54, 71, 73, 121
Kap Gelydonia 58, 134
Kaptara 89
Korridorhaus 140, 160, 162, 165
Kupfer 38, 48, 52–54, 56, 58 f., 61–63, 77, 109, 153

L

labyrinthos 114
Landwirtschaft 31 f., 37, 55, 78, 105, 146, 160, 170, 180
Lapislazuli 38, 109
Linear A 29, 90, 92, 94, 97, 99, 128
Linear B 29, 101, 104, 126, 135
Luwier 37
Luxusgüter 34, 60, 87–89

M

Magoulen 146
Meeresstil 94, 131
Megaron 32 f., 36, 40, 126, 148
Menu 100
Messara 26, 87, 123, 127
Migration 47, 146
Muttergöttin 116

N

Naturkatastrophe 93, 98, 115

O

Obsidian 63, 67, 71, 77–79, 123, 145
Ossuarien 121

P

Palastwirtschaft 86, 100, 106
Pferd 35, 41 f., 57, 138, 157
Piraten 66, 89, 134, 138
Pithos 51 f., 162, 166
Priester 33, 41, 110, 113, 116, 121

R

Repräsentation 79, 88 f., 123, 171, 173, 179
Ritual 104, 109, 111, 179
Rundbau 46, 49, 53, 160

S

Sarkophag von Hagia Triada 122
Schachtgräber 179, 181
Schautreppe 97, 127, 135
Schiff 108, 133–138, 167
Schlangengöttin 110
Schrift 27–29, 85, 90, 94, 104
Seefahrer 65 f., 90
Siegel 29, 58, 78, 87, 94, 101, 109, 132, 142, 164 f.
Söldner 99–102, 181
Speicher 48, 51, 56, 84, 86, 89, 97, 123, 126, 161
Starcevo 151
Statuetten 97, 105, 112, 166
Steinkisten 71, 178, 181
Stier 109, 113 f., 116 f.

T

Tempel 62, 111, 113–116, 124, 133
Textilproduktion 33
Thalassokratie 89, 133
Tholos 109, 120 f.
Töpfer 41, 78, 84, 87, 105, 149
Tumulus 165, 178, 180